100店舗を目指す！

フランチャイズシステム構築マニュアル

［監修］山下　義
池田　安弘

［著］宮内　京子
福田まゆみ
松井　淳
大野　雅幸
松井　智
島津　晴彦
河村　康孝
前田　育男
船橋　竜祐
小林　雅彦

同友館

はじめに

この本は，フランチャイズ本部作りを支援する支援者，例えば経営コンサルタントや経営支援機関の支援担当者，法律や財務面での支援者の皆さんを第一の読者に想定して企画されました。

しかし，実際に自社のビジネスをフランチャイズ化したいと考えている経営者や経営陣の方達が読まれても十分な知識と示唆を提示できることを目的としています。そのため，引用したり例示するするマニュアルや契約書などはできる限り，私たちが実際にフランチャイズ本部設立を支援する中で使用しているもの，あるいは使用された物をサンプルとして使用しました。

全体の構成として，第1章では，フランチャイズシステムの概要を理解していただき，第2章以降で詳細な手法や法律的課題，経営技術的課題，経営戦略等について，より具体的に理解していただきたいと思います。

フランチャイズビジネスでは，フランチャイザーの創業者もしくは経営者をフランチャイズオーナーと言います。フランチャイズビジネスの多くは，たった一人のフランチャイズオーナーの成功体験を標準化し，ビジネスモデルとしてパッケージ化し，そのパッケージを商品としてフランチャイジーに販売することで事業を拡大していきます。言い換えれば，フランチャイズビジネスはフランチャイズオーナーの成功モデルの水平展開であり，フランチャイズオーナーの考え方や価値観に大きく依存する，あるいはそれらを反映するビジネスなのです。

もし，皆さんがフランチャイズビジネスとして成功している事例を研究，あるいはベンチマークしようとするとき，そのフランチャイズオーナーの個性，考え方，行動原理，創業の物語をぜひ学んでください。それは，これからフランチャイズビジネスに係わる皆さんに大きな示唆を与えてくれるはずです。

この本では，日本で一般的なフランチャイズシステムの定義の説明だけでなく，更に拡大した考え方を提案しています。高度なIT化の進展を前提に様々なビジネスモデルが現れている現在のビジネス環境の中で，これからのフランチャイズシステムを考える一つの視点としてご理解頂ければ幸甚に存じます。

それでは，フランチャイズの世界にようこそ。

この本が，皆さんの成功に少しでも役立つことができますように。

令和3年8月
池田 安弘

● 目 次 ●

はじめに　iii

第1章　フランチャイズ本部の立ち上げを考える…………1

1. フランチャイズビジネスの本質を考える　1
2. フランチャイズ化のための条件　10

第2章　フランチャイズシステムとは…………17

1. フランチャイズの概要　17
2. フランチャイズシステムの戦略的意義　27
3. フランチャイズシステムに向く事業・向かない事業　34

COLUMN ドナルド兄弟のハンバーガーショップとレイ・クロック　40

第3章　フランチャイズ本部の構造と設計…………41

1. 優秀なフランチャイズ本部とは　41
2. フランチャイズパッケージ　47
3. フランチャイズパッケージの計画　49
4. フランチャイズチェーン本部の主要機能　57
5. フランチャイズ本部の立ち上げ　60
6. フランチャイズ本部の体制　62
7. フランチャイズチェーン・ビジネスの事業計画　63

第4章　スーパーバイザーシステムの設計…………66

1. スーパーバイザーシステムを設計するにあたって　66
2. スーパーバイザーとは　66

3. スーパーバイザー業務　72

第5章　フランチャイズ契約書の理解……85

1. フランチャイズ契約についての基礎知識　85
2. フランチャイズ契約書　89
3. フランチャイズにおけるコンプライアンス　95
4. エリア・フランチャイズ制度　97
5. アフターコロナ，働き方改革に対するフランチャイズ契約書の課題　103

COLUMN 友達と約束，名前を会社名に
―「居酒屋それゆけ！鶏ヤロー」を展開するセンベロ飲食店の代表選手　106

フランチャイズ契約書サンプル　107

第6章　加盟店開発営業……118

1. 加盟店開発営業の流れ　118
2. 加盟見込み客の発掘方法　128
3. 加盟開発営業に活用するツールの整備　132

第7章　出店戦略と商圏設定……136

1. 出店戦略・商圏設定の意義　136
2. 出店戦略・商圏設定の基本　136
3. 出店戦略・商圏設定の手法　142

第8章　人材育成……161

1. はじめに　161
2. フランチャイズビジネスで「求められる人材像」　161
3. フランチャイズ本部組織の機能分化　162

4. 本部人材に求められる基本的能力　166
5. 人材育成の手順とキャリアプラン　169

第9章　フランチャイズビジネスにおける海外人材活用のポイント……170

1. フランチャイズ業界と人手不足問題　170
2. 日本国内で急増する海外人材の「在留資格」と今後の予測　173
3. 技能実習生制度活用のポイント　177
4. 技術・人文知識・国際業務（技人国）人材活用のコツ　182
5. 留学生アルバイト活用　184
6. 海外人材雇用後の定着化・長期雇用へのヒント　186

第10章　新しいフランチャイズビジネス……190

1. 新しいフランチャイズの形態　190
2. ステルスFC　192
3. 開業プロデュース型FC　202
4. 売上保証型FC　207
5. のれん分け　212
6. まとめ　218

COLUMN 子供の国キッザニア　223

おわりに　224

第1章 フランチャイズ本部の立ち上げを考える

1. フランチャイズビジネスの本質を考える

(1) フランチャイズビジネスとはどんなビジネスか？

最初に，フランチャイズビジネスとはどのようなビジネスであるのかということを，フランチャイザーとフランチャイジーそれぞれの視点で見ていきたいと思います。

フランチャイズビジネスの定義には様々なものがあります。詳細は次章に任せますが，多くの国では「フランチャイズ法」があり，その中でフランチャイズビジネスが定義されます。その意味で，フランチャイズビジネスの定義はそれぞれの国のフランチャイズ法の定義によって定められ，フランチャイズビジネスがフランチャイズ法に従って運営されます。

残念ながら日本では，フランチャイズ法が制定されておらず法的な定義は不明確なままです。

ここでは，法的な定義ではなく，「ビジネスモデルとしてのフランチャイズシステムとは概ねどのようなものか」を理解していただければと思います。

① フランチャイザーにとってのフランチャイズビジネスの意味

まず，ビジネスオーナーであるフランチャイザーにとってのフランチャイズビジネスとはどのようなものでしょうか。いくつかのポイントに絞ってフランチャイザーのビジネスモデルを検討してみます。

1) 従来の自社ビジネスとは違う，「フランチャイザー」というビジネス

日本にも多種多様な業種のフランチャイズ本部が存在しています。ラーメン，居酒屋，コンビニ，学習塾，‥‥。

注意しなければならないのは，我々が普段見ているフランチャイズビジネスは，フランチャイザーの直営店舗を除いて，あくまでもフランチャイジーの運営する店舗あるいは事業だということです。

フランチャイザーのビジネスはラーメン店の経営や学習塾の経営，あるいはコンビニエンスストアの経営ではありません。

フランチャイザーのビジネスは，フランチャイズオーナーの成功体験を標準化し，ビジネスの仕組みとしてパッケージ化し，そのパッケージを広く販売することです。

パッケージを購入した人（フランチャイジー）はそのパッケージを用いて自らビジネスを行いフランチャイズオーナーと同じような成功を目指します。フランチャイザーはフランチャイジーのそうした日々の営業活動を支援し，彼らの成功を手助けします。

フランチャイザーとフランチャイジーの関係はフランチャイズパッケージを売買するだけでなく，フランチャイズパッケージを用いて行う営業活動をサポートし続ける関係でもあります。この関係は自動車ディーラーと顧客の関係によく似ています。自動車の購入者が安全に自動車を利用し続けることができるようにディーラーはサポートを提供します。そのサポートに対する満足や評判がユーザーを固定化し，新しいユーザーを獲得するための重要な要件になります。

同様に，フランチャイザーはフランチャイズパッケージをフランチャイジーに販売し，フランチャイジーの活動を継続的にサポートします。こうした継続的な関係の中でフランチャイジーがビジネスに成功することでフランチャイジーは満足し，フランチャイザーは良いフランチャイズシステムであるとの信頼と名声を獲得し，それが新たなフランチャイジーの獲得につながります。

結局のところ，フランチャイザーの成功はフランチャイジーの成功によって実現されるということになるのです。

2) 急速成長戦略としてのフランチャイズビジネス

フランチャイザーにとってのフランチャイズシステムの採用は，成長速度を飛躍的に早めるための戦略です。成長速度を上げるというのは店舗数を急速に増加させるという意味です。

店舗数を急速に増加させることによって，得られるフランチャイザーのメリットは次のようなものです。

- 店舗数を急速に増加させることで，チェーン本部機能に係わるコストを分散することができます。これは，フランチャイザーは，直営店でチェーン展開する企業よりも高度な本部機能をいち早く備えることができ，競争優位を確立できることを意味します。
- 業界での店舗数あるいは一定エリアでの店舗密度を増加させることで業界地域での市場占有率を急速に高めることができます。これによって物流効率や多店舗をマネジメントするコストをより効率化することができます。本部の生産性が高まるのです。
- 仕入れ量が増加することで，バイイングパワーが増加し，仕入原価を引き下げ，粗利益率を高めることができます。このことはユニット（店舗）単位での粗利益率が向上することを意味しており，個々の店舗の収益性や競争力を高めます。
- 出店速度を加速することで「成長チャンス」を逃がさない成長の実現が可能になります。飲食業やサービス業，あるいは小売業で特定分野の成長期間はそれほど長いものではありません。流行やライフスタイルの変化，あるいは同種業態との競争の激化で特定の業態，サービスの市場は次第に飽和し，成長速度は鈍化します。

フランチャイズという戦略をとることでフランチャイザーは成長チャンスを逃すことなく一定の期間に急速に店舗数を拡大することが可能になります。

さて，チェーン展開を指向する事業者がその店舗数を増加させるときに，成長の阻害要因となるのは次のようなものです。

- 出店による資金の固定化（出店コストの負担）と財務体質の悪化，あるいは資本コストの増加

- 店舗を運営する管理者，運営スタッフの雇用確保と教育，労務管理コストの増加による収益性の低下と未熟練者の増加による店舗収益力の低下
- 展開エリアの拡大と物流量の増加による物流コストアップと物流効率の低下によるコスト負担の増加
- 店舗数増加による在庫コスト増加とそれによる商品投下資本利益率の低下
- 本部機能の拡張による人件費を含む本部コストの増加と生産性の低下

チェーン展開を目指す事業者にとって，フランチャイズシステムを選択することはこれらの成長阻害要因を上手に回避する，あるいはコントロールする手法でもあるのです。

3) 顧客はフランチャイジー

先ほど，「フランチャイザー（FC本部）のビジネスはフランチャイズパッケージを販売すること」と書きました。当然，フランチャイズパッケージを購入する人がフランチャイザーの顧客です。一部のフランチャイザーでは，消費者を「我々の顧客」とフランチャイズ契約書に記載している様ですが，これは間違っています。消費者はフランチャイザーとフランチャイジー（加盟希望者，加盟店）の共通のマーケティングの対象であり，消費者に最大限の満足を提供することはザー（フランチャイザー）とジー（フランチャイジー）の共通のマーケティング目標となります。

しかし，フランチャイズビジネスの本質から考えればフランチャイザーの顧客はフランチャイジーです。フランチャイザーはフランチャイジーにこそ最大の顧客満足を提供することを目標とするべきなのです。ここから，フランチャイザーのマーケティングがスタートします。

マーケティングはターゲットの設定，最適化した商品の設計・開発・提供，顧客との関係性の構築手法，継続的な関係の発展の仕組みなどから構成されます。当然ですが，商品はフランチャイズパッケージです。

このように考えれば，「同じ業種のフランチャイザーであってもターゲットの設定が変わればフランチャイズパッケージの設計が変わる」と言うことを理解していただけると思います。そう，成長するフランチャイザー，優秀なフラ

ンチャイザーは「売れる商品」としての「フランチャイズパッケージ」を開発し，最適な手段でターゲット顧客であるフランチャイジーに接近し，効率的にフランチャイズパッケージを販売するのです。

4）面的拡大が成長のポイント

南北戦争後のアメリカでスタートしたといわれるフランチャイズビジネスは今や世界中に広がっています。優良なフランチャイズシステムは文化的な普遍性を持ち，地域に同化し，それぞれの地域の法律に従いながら成長を遂げるのです。

フランチャイズビジネスは文化的に受け入れられるならば，あるいは文化的に受け入れられるものにローカライズできるならば，空間的隔たりをこえて世界に拡大することができます。

5）まず，加盟店が成功して，その後フランチャイザーが成功するビジネス

とても大切なことなので，繰り返し書きます。

フランチャイザーのビジネスの本質は，「フランチャイジーの成功なくしてフランチャイザーの成功なし」ということです。まず，フランチャイズパッケージを購入したフランチャイジーが成功し，フランチャイザーは名声と新しいフランチャイジーを獲得する。この連鎖によってフランチャイザーは急速に成長しフランチャイズビジネスの成功者になることができるのです。

このことを理解しないでフランチャイズビジネスに参入したフランチャイザーは必ずフランチャイジーとの間でトラブルを起こします。詐欺的システムとの汚名を受けることになります。これからフランチャイズビジネスに取り組む方々も，フランチャイズ本部を支援しようとするコンサルタントや法律家の方々もこのことをよく理解して取り組んでいただきたいと願います。

② フランチャイジーにとってのフランチャイズビジネス

フランチャイザーにとってフランチャイズシステムは成長戦略であったように，フランチャイジーにとってもフランチャイズシステムは有力な成長戦略となります。

1）時間を買う

フランチャイジーから見たフランチャイズシステムの最大のメリットは「時間を買う」ということです。一つのビジネスモデルで成長できる時間はそれほど長いものではありません。一定の地域の中であるビジネスが成功すれば必ず追随する者が現れ，競争が激化し，市場は飽和し，やがて急速成長のチャンスは失われます。

そうであれば，迅速に事業を立ち上げ成長することが成長戦略として重要であるということになります。フランチャイズシステムはフランチャイザーにそのための手段を提供してくれるシステムなのです。何よりも，短期間に事業を立ち上げることができる。事業開始に必要なノウハウとトレーニング手法を提供してくれるのがフランチャイズシステムのメリットです。

そう，フランチャイジーはフランチャイズ契約によって「時間」と「成長チャンス」を買うのです。

2）多様なビジネスモデルの組み合わせによるリスクヘッジ

通常，一つの事業で成長するとその事業を本業として更に拡大するという事業者が多いように思います。しかし，フランチャイジーとしての成長戦略は少し違う方法も考えられます。それは，複数のフランチャイズパッケージに分散して事業を展開する「事業ポートフォリオ」の考え方です。

例えば，売上が季節によって大きく変動する様な事業の場合，夏に強いビジネスと冬に強いビジネスを組み合わせる。あるいは，幼児教育とアフタースクールを組み合わせて施設の稼働時間を拡大し資本生産性を高める。訪問介護や施設介護事業と相乗効果が期待できる給食・宅配食事業を組み合わせる。など，様々な事業の組み合わせで環境変化リスクに備え，経営資源を有効に活用し，成長速度を上げる戦略を考えることができます。

3）成長のカギは人材育成

フランチャイジーの成長を支える最も重要な要素は人材の確保と育成です。店舗系ビジネスやサービス系ビジネスではその運営は人に依存します。人材採用ができなければ店舗を出店することもできませんし，営業エリアを拡大することもできません。

人材確保のポイントは，地域でも優良な雇用条件を提供すること。企業としての成長計画を提示し，安心して働ける環境であることを認めてもらうこと。人材教育の仕組みを整備し，企業の成長と社員の成長をリンクする仕組みを提示することです。

そのためには，事業ユニットとしての高採算性，多店舗化に向けての成長戦略を明確にしていくことが必要になります。こうした条件を満たす戦略としてフランチャイズは優良な手段を提供してくれるのです。

4）重要な資金調達と資本政策，M&A戦略

ここまで，フランチャイジーの成長戦略としてのフランチャイズのメリットを説明してきましたが，日本のフランチャイズシステムには，過度にフランチャイザーの権利を守ろうとするために結果的にフランチャイジーの成長を阻害する契約条項が強く残っています。このことが株式上場を実現し巨大なチェーンビジネス企業に成長するフランチャイジーが生まれにくい背景になっているように思われます。最後にこうした視点から，フランチャイズ加盟契約書に定められるケースの多い，重要な6項目について説明をしていきたいと思います。

●専念義務・兼業禁止条項

フランチャイジーがその事業に専念することを約束する契約条項です。この条項があると，他の事業との兼業が認められないケースがあり，事業の多角化の阻害要因になります。また，フランチャイジーの成長過程で幹部社員に複数の事業を兼任させることができず，人事政策に制約を与えます。

●テリトリー権の否定

これは，「フランチャイジーに対して一定の独占的なテリトリー権を認めない」という条項です。コンビニエンスストアの契約にはつきもので，ドミナント戦略といわれるフランチャイザーにとって都合の良い戦略を正当化する契約条項です。

例えば，フランチャイジーの出店した地域が優良な市場で高い売上が実現できた場合，隣接した地域に本部が自由に新たな店舗を出店することができま

す。

しかし，フランチャイザーにとって一定地域の店舗密度を高くし，その地域の市場占有率を高める戦略は合理的で生産性の高い戦略なのですが，そのためにフランチャイジーは同じチェーンの加盟店との競争に晒されるリスクを背負うことになります。

ある意味，フランチャイジーの生存権の否定にもつながりかねない契約条項です。

●ノウハウの目的外使用の禁止

「本部のノウハウを他の目的に使用してはいけない」という内容の条文が大抵のフランチャイズ契約書には定められています。これは本部のノウハウを保全するためには当然な条項なのですが，そのための付属条項として「その事業に従事した本人，家族，役員，従業員が他の業務を兼務したり，他の事業を始めること」を禁止する項目が含まれているケースがあります。これは，せっかく育成した社員を他の事業に移動させることができなくなるためにフランチャイジーの事業展開の自由度を大きく阻害することになります。

●事業譲渡の禁止

日本のフランチャイズ契約は多くの場合，「フランチャイザーがフランチャイジーに対してノウハウの使用を許諾する」契約となっています。ノウハウの使用を許諾されたのはフランチャイジーだけですので，フランチャイジーはその使用権を他の人に譲渡することができません。結果的に，儲かっている事業であっても自分が事業を行うことができなくなればその事業を辞めなければならないことになります。

フランチャイジーが成長戦略として他のフランチャイジーが運営する事業をM&Aで買収しようとしてもフランチャイズ権の譲渡が認められていなければ儲かっている事業を買収することが困難になります。

例えば，事業立ち上げに格段な能力を持っている事業者が，あるフランチャイズに加盟して店舗を出店して半年~1年で高収益店舗に育て上げて，その店舗を「新たに事業を開始しようとする創業者」や「様々な事業を展開する事業者」に付加価値を付けて売却する。そんなビジネスが日本では成立しないケースが多いのです。

こうした事業戦略は，立ち上げ専門の事業者にとっては資本の回収効率を高める事業戦略であり，店舗を購入するフランチャイジーにとっては初期の投資リスクを低減する戦略であり，フランチャイザーにとっても安全に出店速度を高めることができる経営戦略です。しかしそれが現在のフランチャイズパッケージ設計上の制約のために行えないとすれば，成長戦略としては3者のためにマイナスだと思うのですが，どうでしょうか。

●高額の違約金

最後にくるのが，上記のような契約条項に反した場合の高額の違約金です。この違約金条項があるために事業多角化に取り組むことができない，フランチャイジーとしての成長戦略に取り組むことができない，というケースが少なくありません。

●一方的な解約条項

フランチャイザーの切り札が「一方的な契約解除条項」です。フランチャイジーがフランチャイザーの指導に従わない場合，あるいは違約状態が一定期間続いた場合，「何ら損害賠償の責任を負わずフランチャイザーはフランチャイズ契約を解除できる」とするような条項です。これによってフランチャイジーはフランチャイザーと交渉する権利を失うといえば言い過ぎになるでしょうか。

フランチャイズシステムがフランチャイザーにとってもフランチャイジーにとっても成長戦略であり，フランチャイザーの成功にはフランチャイジーの成長が不可欠であるとすれば，上記のようなフランチャイジーの成長戦略を妨げるような契約条項をできる限り避けて，フランチャイジーの成長を促すようなフランチャイズパッケージを設計することがフランチャイザーの成長戦略にとっても，マーケティング上必要な戦略であると考えれば，フランチャイズパッケージ設計の考え方が大きく変わるのではないでしょうか。

(2) 中小企業の生産性向上の手段としてのフランチャイズシステム

20年前，日本には酒販店が13万店以上存在していました。現在，一般酒販店は3万店ほどでしょうか。一方でコンビニエンスストアの大半はお酒を取り扱い，その店舗数は大手3社だけで5万3,000件（2020年12月）を超えていると思われます。20年間で10万店の酒販店が減少し，5万店あまりのコンビニエンスストアに置き換わったと考えることもできるのですが，一般酒販店の売上高が3,000万円から5,000万円と考えるとコンビニエンスストアは2億円から2億5,000万円の年商ですから事業規模は4倍から5倍に増えていることになります。

見方を変えれば，個人店がフランチャイジーに転換することで事業規模を4倍から5倍に拡大したのです。こうした視点から，フランチャイズ化が進むことによって個店の事業規模は拡大し，生産性も向上する可能性が高いのです。

フランチャイズシステムは中小小売商業振興法による連鎖化事業の特殊な形態として特殊連鎖化事業として定義されています。つまり，中小小売事業者の生産性を向上する手段として期待されているシステムなのです。その意味で，フランチャイズシステムの健全な成長は日本の中小小売業・飲食業・サービス業の事業規模拡大・生産性向上を実現する手法としてもっと注目されて良いと思いますし，中小零細事業者がフランチャイズに加盟して事業規模を拡大しようとする戦略は政策的に支援されて然るべきではないかとも思います。

2. フランチャイズ化のための条件

フランチャイズシステムを採用してビジネスを成功させるためにはそのビジネスモデル自体にいくつかの条件があります。この章の最後にフランチャイズシステムを成長戦略として採用し，ビジネスを急成長させるために必要な，商品としてのビジネスモデルが備えるべきいくつかの条件について説明したいと思います。

(1) プロトタイプの確立

プロトタイプとは「原型」あるいは「試作品」の事です。例えば，ラーメン事業のフランチャイズチェーンを展開しようとするなら，その原型となる店舗モデルを確立しておく必要があるということです。当然，プロトタイプになる店舗はビジネス的に成功している店舗である必要があります。

プロトタイプが「ビジネスモデルとして確立されている」というためには次のような条件があります。

- 「ターゲット顧客」あるいは「ターゲットとする顧客ニーズ」が明確になっていること。
- 自社の商品，それによって顧客が受けとるメリットが明確に確立されていること。
- 顧客に対する情報提供手法，アプローチ手法，集客・来店促進手法，固定客化手法が確立されていること。
- 市場規模の推計方法がモデル化されていること。
  （一定の合理性のある売上予測ができること）
- プロトタイプとしての店舗あるいは事業ユニットが1年以上運営されていること。
- プロトタイプとしての店舗あるいは事業ユニットが経営的に成功していること。
- 異なったロケーションでプロトタイプが成功していること。
- チェーン化に当たっての店舗マネジメントシステム（本部機能と店舗機能の分化），チェーンオペレーションシステム，商品調達，商品供給の仕組みが整備されていること。

ここで大切なことは，1店舗の繁盛店だけでフランチャイズチェーン化を目指すことには相当に無理がある（絶対に無理であるとはいえませんが）と言うことです。ビジネスにはビギナーズラックもあり得るのです。しかし，理由の分からない成功は次の成功を約束してはくれません。「商品としてビジネスモデルを販売する」フランチャイザーになり，フランチャイザーとして成功するためには独自の合理的な「勝利の方程式」が必要なのです。

フランチャイザーとしての「勝利の方程式」を実現するために必要なものが次の6つの項目です。

(2) 標準化・転写性の確立

店舗のロケーション選定基準，店舗形状・デザイン，設備，出店の手順，設備費用・出店コスト，店舗の立ち上げ手順，立ち上げ後の店舗の運営方法などを標準化し，効率的に，短期間で多数の店舗を出店していけるノウハウを確立することです。

当然ですが，出店した店舗は同じようなレベル（質）で運営され，同じような業績を上げることができることが必要です。これを転写性といいます。転写性とは，外形的なことだけで無く運営やその業績についても標準化されることが必要です。チェーン化を効率よく進めるためには高いレベルでの転写性の実現が必要なのです。

(3) 高い再現性を保証する効率的な教育システムの確立

店舗の運営はフランチャイジーオーナーだけが担うわけではありません，フランチャイジーの社員，パート，アルバイトなど多くの人達が係わります。前項の高いレベルでの転写性を実現するためには，店舗運営の担い手となるこうした人材の教育システムが確立されている必要があります。例えば，それまで包丁を持ったことすら無かった大学生や高校生が短期間に調理方法を取得し，一定品質の料理を提供できるようなシステム化であり，それを習得するための教育システムの整備です。

このとき重要な事は，店舗での従業員雇用はフランチャイジーのオーナーによってなされるということです。そのため，フランチャイザーはフランチャイジーの店舗従業員に対しする指揮命令権や人事評価による強制権を持ちません。つまり，フランチャイズシステムにおける教育，社員育成は人事権的な強制によってでは無く，合理的な教育プログラムによって実現されなければならないのです。

こうしたことから，フランチャイズチェーンの運営はスーパーマンのような優れた人材の存在を前提としたものでは無く，一般的な，ごく普通の従業員や主婦パート，学生が担い手になる事を前提に標準化され，個人の判断によらず誰が行っても同じ品質の店舗運営ができるように「仕組み」化されていることが必要になります。残念なことですが，こうした意味でフランチャイズシステムにおける標準化は100点満点を目指すものでは無く，80点を合格点として，そのレベルの運営で一定の業績を実現できる様なものにする必要があるのです。

(4) 高い収益性と投資採算性（投資回収期間が十分短いこと）

フランチャイザーの収益は，フランチャイジーからの加盟金，ロイヤルティ，教育研修費，システム使用料などが基本となります。このため，フランチャイジーの視点で見れば「そうしたコストを負担しても個人で開業するよりもフランチャイズに加盟した方が有利である」という状況にならなければフランチャイズに加盟して事業を行うという経営判断にはならないでしょう。

フランチャイザーがフランチャイズ事業に成功するためには多くのフランチャイジーが加盟することが必要です。そのためにはフランチャイザーが販売するフランチャイズパッケージはフランチャイジーから見て「コストを負担してもなお高い収益性が期待できる」もので無ければならないのです。

こうした高い収益性を実現するためには，個人で事業を行うよりも高い売上高，低い原価率（高い粗利益率），大きな売上総利益額，少ない運営費を構造的に実現することが必要になります。これが成功するフランチャイズパッケージの基本条件です。

投資採算性は短期的な収益性とは別の視点での評価になります。

例えば，フランチャイズに加盟して事業を開始するのに1,500万円の資金が必要だとします。フランチャイジーとしては「どれくらいの期間でこの初期投資を回収できるか?」ということがフランチャイザーを選択するときの大きな判断要素となります。それは，フランチャイズシステムはフランチャイジーにとっても成長戦略である，という要素に起因します。

フランチャイジーにとっての成長とは何でしょうか?

事業であれば，店舗数の拡大あるいは事業の拡大です。店舗数を速やかに拡大するためには初期投資を早期に回収し，次の投資に回す（=2号店を出店する）ことが必要です。そのために，投資回収速度（投資回収期間）がフランチャイズパッケージ選択にとって大きな要因になるのです。

それでは，適性は投資回収期間はどの程度でしょうか?

これに答えることは簡単ではありません。一つの目安としては「フランチャイズ契約期間の1/2以内で投資を回収できる」ということだと考えています。

(5) コンプライアンス

フランチャイズに限らず，何らかの事業を経営するためには関連する法律を守ることが必要になります。これは当然のことです。しかし，フランチャイズシステムにおいてはもっと広範囲な法律の順守，あるいは公正性の順守が求められます。

例えば，フランチャイザーがフランチャイジーに商品や商品原材料を供給するようなフランチャイズシステムを考えてみてください。本部が供給する商品の中に一般的に許容されない様な成分を含むものがあったとします。あるいは，顧客に不安を与えるような生産方法によるものがあったとします。そのことを顧客が知るとフランチャイザーだけで無くフランチャイジーも大きな損害を被ることになり，フランチャイザーはその損害を補填する責任を負うことも考えられます。

最近では，本部が供給あるいは指定する商品の原材料の調達や生産は広く世界に広がっており，その一部に不公正な取引とされるようなものがあったり，強制労働によって生産されたものがあったりすればフランチャイジーも大きな影響を受けることになります。

こうしたことから，本部が順守しなければならないコンプライアンス，公正取引あるいは社会的公正の範囲は極めて広範囲なものになっています。

(6) 一定の普遍性を持つこと

フランチャイズビジネスに限らず，ビジネスモデルが成立するためには一定の市場が必要です。店舗系のビジネスモデルであれば，顧客の来店範囲としての商圏が必要になります。一般的な小商圏型のビジネスモデルでは，市場規模として人口3万人から5万人を設定するケースが多い様です。特殊な例としては，コンビニエンスストアのように支持人口5,000人あるいは3,000人というケースもありますが，一定の商圏を必要とする事には変わりがありません。そうであれば，チェーンストアビジネスとして多店舗化を進めようとすれば広域的に店舗を展開することが必要となります。

広域的に店舗を展開しようとするときに必要となるのが「普遍性」です。「どこでも通用する性質」と考えてください。例えば，「東京では支持されるけれど大阪では支持されない」というようなビジネスでは東京都と大阪の両方で展開することは困難になります。

こうした意味で，フランチャイズ展開を行うエリアの中では一定の普遍性を持っているということがフランチャイズパッケージとして成立する上で重要な要素になります。

(7) 高い文化的適応力を持つこと（多様性への対応）

広域的なビジネスモデルを考えるとき，文化的適応力は極めて大きな要素になります。日本国内だけでビジネスを考えている場合はあまり大きな問題にならない要素でも海外展開を考えれば大きな問題になるというケースもあります。

例えば，そばチェーンを想定してみましょう。日本では大きく分けてそば文化圏とうどん文化圏があるように見えます。これは食文化の違いです。そうであれば，うどん文化圏でそばの専門店を展開することは相当な困難があります。しかし，和食専門店として業態設計をすればその一部として「うどん」と「そば」があるので両方の食文化に対応することができます。

最近では日本のフランチャイザーも海外展開を積極的に行う様になってきましたが，例えばコンビニエンスストアでも日本の店舗と海外の店舗ではその品揃えやサービスは大きく違います。これは，コンビニエンスストアというビジネスモデルが商品構成を変えることで高い文化的適応力を獲得したということです。

学習塾の分野でも，日本の学習塾は海外でも事業を拡大していますが，数学や理科，英語などの教科では共通のカリキュラムや教育方法をとることができても，国語，歴史などの分野ではそれぞれの国に合わせて教材を作成することが必要になります。そうすることで文化的適応力を獲得しているのです。

飲食分野では，世界中で展開しているハンバーガーチェーンでも販売している商品は国によって大きく異なります。商品をそれぞれの国の食文化に合わせることで適応しているのです。こうした適応力の乏しいビジネスモデルでは事業展開の範囲が地域的に限定されることになります。

さて，第1章ではフランチャイズビジネスの本質と成長戦略の基本，急速成長を実現するための基本条件を説明しました。フランチャイズビジネスは世界に飛躍することのできるビジネス形態です。ぜひ，成長戦略としてのフランチャイズシステムに取り組んでいただければと思います。

第2章 フランチャイズシステムとは

1. フランチャイズの概要

(1) フランチャイズの歴史

① アメリカの歴史

1) フランチャイズのはじまり

フランチャイズの発祥は，アメリカです。19世紀の鉄道会社，公益事業会社が事業拡大のスピードアップを図るためのアイデアベースのモデルがフランチャイズのはじまりと言われています。このモデルは，自社の諸権利を売り，次の町での線路建設や発電所建設のための資金を調達することで事業拡大を早めることに成功しました。

小売りのフランチャイザー第一号は，シンガー・ソーイング・マシン社と言われています。1850年代，セールスマンやミシン・ディーラーの販売ネットワークを構築し，特定地域で自社製品を販売する権利を与え，その対価を徴収するシステムです。これが将来のフランチャイズシステムの基となりました。

2) 伝統的フランチャイズ

1800年代末から1900年代初頭にかけて，自動車業界，石油業界，ソフトドリンク業界の各社が次々と，このシステムに関心を示しました。当時，各メーカーには事業範囲を拡大するために自社店舗を建てたり，購入したりする力がなく，販売スタッフやマネージャーを雇用するする余力もありませんでした。ソフトドリンク・メーカーにおいては，長距離の運搬が不経済だからと在庫を持たせる力もありませんでした。

そこで各メーカーは，事業家にフランチャイズ権を売り，特定のテリトリー，特定の場所で自社製品を独占的に販売する権利を与えました。この伝統的フランチャイズ方式は，フランチャイズの販売手法を世に広めることになりました。フランチャイザーの主な収入源は，商品の販売になります。

3）ビジネスフォーマット型フランチャイズ

第二次世界大戦終了後，小売業界は，製品指向からサービス指向へと変わりました。持ち帰りのランチを扱うレストランや，スピーディーなサービスを売り物にするドライブインなどが現れました。

1950年代，それらの組織は，マクドナルドやバーガー・キング，ダンキン・ドーナツ，ケンタッキー・フライド・チキン等の全米展開フード・フランチャイズへと合流していきます。

やがて，フード・フランチャイザーは，独自製品の販売や流通させる権利だけではく，ビジネスコンセプトそのものを利用する権利を有料で譲るようになりました。この方式は，ビジネスフォーマット型フランチャイズと呼びます。看板，広告，メニュー，調理法，制服スタイルのいたるところまで，すべてフランチャイザーのやり方をそのまま導入する方法です。

ビジネスコンセプトを利用する権利を売るフランチャイザーが増加し，ビジネス経験がない者が権利に投資しライセンシーやフランチャイジーとして業務に従事するようになりました。フランチャイザーの主な収入源は，ビジネスシステムそのものになりました。

② 日本の歴史

1）わが国でのフランチャイズのはじまり

わが国で「フランチャイズ」という言葉が最初に使われたのは，1956年（昭和31年）に設立された日本コカコーラボトリングと言われています。第二次世界大戦後10年が経ち，戦後の混乱期を抜け出し始めた時期で楽しさを求める生活になってきた時代です。コカ・コーラの製造や販売のシステムそのものは「伝統的フランチャイズビジネス」として，アメリカですでに存在しており，それがそのまま日本に入ってきたものです。

2）わが国でのビジネスフォーマット型フランチャイズのはじまり

現在，日本でのフランチャイズの定義には，伝統的フランチャイズは，フランチャイズビジネスとして対象に入っていません。日本で定義されているフランチャイズビジネスは，「ビジネスフォーマット型フランチャイズ」が対象となっています。

「ビジネスフォーマット型フランチャイズ」のわが国でのはじまりは，1963年7月の「ダスキン（愛の店）」と同年10月の「不二家（洋菓子店）」と言われています。

それまで，わが国でもフランチャイズビジネスと思われるシステムが存在していましたが，多くは古くからある「のれん分け」などであり，明確に「フランチャイズ」と言ったのは，ダスキンと不二家の2社になります。

図表2-1　アメリカと日本のフランチャイズの歴史　主な流れ

	年代	流れ	企業
アメリカ	19世紀	アイディアとして	鉄道会社，公共事業
	1850年代	小売りのフランチャイザー第1号	シンガー・ソーイング・マシン社
	1800年代末～ 1900年代初頭	伝統的フランチャイズ・システム	自動車業界，石油業界，ソフトドリンク業界
	第二次世界大戦終了後	小売業界は，製品指向からサービス指向へ	—
	1950年代	全米展開フード・フランチャイズ	マクドナルドやバーガー・キング，ダンキン・ドーナツ，ケンタッキー・フライド・チキン等
日本	1956年（昭和31年）	伝統的フランチャイズ・システム	日本コカコーラボトリング
	1963年	ビジネスフォーマット型フランチャイズ	ダスキン（愛の店），不二家（洋菓子店）
	1971年	フランチャイズ店が続々と開店	ケンタッキー・フライド・チキン，ミスター・ドーナツ

参考：「フランチャイズ・アドバンテージ」ダイヤモンド社
　　　「フランチャイズ・ビジネスの実際」日経文庫
※文章や表から一部抜粋しまとめました。

3）海外からのフランチャイズの進展

1971年にケンタッキー・フライド・チキンが神奈川・江の島にフランチャイズ第1号店，同年11月にはミスター・ドーナツというように海外からのフランチャイズ店が日本にて続々と開店するようになりました。

これは，システムの重要性やフランチャイズチェーン・オペレーションの考え方の原則について，今後のチェーン化のシステムづくりに大いに貢献しました。

(2) フランチャイズの定義

フランチャイズの定義は，一般社団法人日本フランチャイズチェーン協会，中小小売業振興法，公正取引委員会のフランチャイズ・ガイドラインにおいて，それぞれ定義しています。

① 一般社団法人日本フランチャイズチェーン協会による定義

一般社団法人日本フランチャイズチェーン協会は，以下のように定義しています。

> フランチャイズとは，事業者（「フランチャイザー」と呼ぶ）が，他の事業者（「フランチャイジー」と呼ぶ）との間に契約を結び，自己の商標，サービスマーク，トレードネーム，その他の営業の象徴となる標識，および経営のノウハウを用いて，同一のイメージの下に商品の販売その他の事業を行う権利を与え，一方，フランチャイジーはその見返りとして一定の対価を支払い，事業に必要な資金を投下してフランチャイザーの指導および援助のもとに事業を行う両者の継続的関係をいう。

② 中小小売業振興法による定義

中小小売業振興法は，「連鎖化事業の定義」と「特定連鎖化事業の定義」について以下のように定義しています。連鎖化事業とは，チェーン事業，特定連鎖化事業は，フランチャイズシステムのことです。中小小売業振興法での定義は，小売業・飲食業のチェーンを対象としており，サービス業は対象としていません。

〈中小小売業振興法「連鎖化事業の定義」（第4条5項）〉
主として中小小売商業者に対し，定期的な約款による契約に基づき継続的に，商品を販売し，又は斡旋し，かつ経営に関する指導を行う事業

〈中小小売業振興法「特定連鎖化事業の定義」（第11条1項）〉
連鎖化事業であって，当該連鎖化事業に係る約款に，加盟者に特定の商標，商号その他の表示を使用させる旨及び加盟者から加盟に際し加盟金，保証金その他の金銭を徴収する旨の定めのあるもの

③ 公正取引委員会のフランチャイズ・ガイドライン

公正取引委員会のフランチャイズ・ガイドラインでは，以下のように明記しています。

フランチャイズ・システムとは，「本部が加盟者に対して，特定の商標，商業等を使用する権利を与えるとともに，加盟者の物品販売，サービス提供その他の事業・経営について，統一的な方法で統制，指導，援助を行い，これらの対価として加盟者が本部に金銭を支払う事業形態」を言う。

(3) フランチャイズビジネスの仕組み

フランチャイザー（本部）と，フランチャイジー（加盟店，加盟事業者）は，お互い事業者同士対等な立場で契約を結びます。フランチャイザーは，フランチャイズパッケージを提供し，フランチャイジーは，対価として加盟金やロイヤルティを支払います。

本部と加盟店は，契約による結びつきであり以下の点に留意します。

- 本部と加盟店・加盟事業者はそれぞれ別の事業体であり，共同経営を行うわけではありません。
- 本部と加盟店は独立した事業者同士が契約で対等に結びつくものであり，上

下関係にあるわけではありません。
- 経営の成功・失敗の責任はそれぞれが負うものです。

図表2-2　フランチャイズビジネスの仕組み

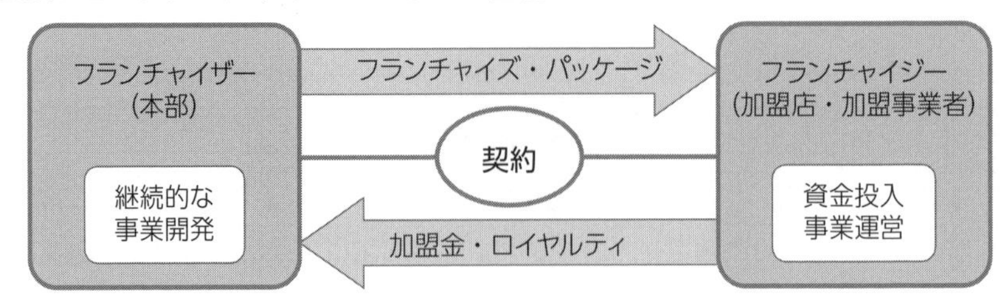

出典：筆者作成

(4) 類型

外部からみると，レギュラーチェーンやフランチャイズチェーンはどちらも同一事業体が展開しているチェーン店のように見えますが違いがあります。レギュラーチェーンの場合は，チェーン展開する事業者が自ら直営店を運営しチェーン全体が一つの事業体です。一方，フランチャイズチェーンは，本部と加盟店が契約で結ばれた別々の事業体になります。

個々の事業体の結びつき方の違いによって，フランチャイズシステムと，チェーンシステムには，以下のような類型があります。

図表2-3　フランチャイズシステムとチェーンシステムの類型

フランチャイズシステム	製品・商標型フランチャイズシステム
	ビジネスフォーマット型フランチャイズシステム
	コンバージョン型フランチャイズシステム
チェーンシステム	レギュラーチェーン（直営店）
	ボランタリーチェーン
	代理店

出典：筆者作成

① フランチャイズシステムの類型

1) 製品・商標型フランチャイズシステム

伝統的フランチャイズシステムとも言います。特定商品を販売する権利と，商標を使用する権利を与えます。本部の収入源は，加盟店への特定商品の販売益になります。

伝統的フランチャイズシステムは，日本ではフランチャイズとして分類されませんが，米国ではフランチャイズの一分野として巨大な市場が存在しています。

2）ビジネスフォーマット型フランチャイズシステム

本部が商品の販売以外に，店舗の運営方法などのノウハウ全般であるビジネスコンセプトを加盟者に提供するものです。本部の主な収入源はビジネスコンセプトを使用する対価としてのロイヤルティとなります。

この類型は，日本にて定義されているフランチャイズシステムであり，フランチャイズビジネスの主流となっています。

3）コンバージョン型フランチャイズシステム

同業種の事業を営んでいる事業者を，同一の商標やサービスマークの下にチェーン化するものです。単体であった事業をフランチャイズ事業へ転換（コンバージョン）するということです。主に，不動産業，建設業に多いフランチャイズシステムです。

② チェーンシステムの類型

1）レギュラーチェーン（直営店）

単一の法人格の下で直営店の多店舗展開が行われる連鎖化組織です。事業者が自ら店舗を調達し，社員を雇用し各店舗を運営します。同一資本ですから，経営のあらゆる権限は社内に集中しており，企業の利益追求が目的になります。

2）ボランタリーチェーン

一般社団法人ボランタリーチェーン協会にて以下のように説明されています。

独立小売店が同じ目的を持った仲間達と組織化し，チェーンオペレーションを展開している団体をいいます。ボランタリーチェーン（VC）には，フランチャイズチェーン（FC）と同様に加盟店を指導するチェーン本部が存在しますが，加盟店が主体となっているため，加盟店同士の横のつながりがある（相互助成が可能である）のが特徴です。

出典：一般社団法人ボランタリーチェーン協会　ボランタリーチェーン（VC）とは
https://www.vca.or.jp/about/

3）代理店

ある特定商品の販売することについて，本部が加盟者を連鎖化する組織です。販売方法等は自由度があり統一性を求められません。本部から加盟者への継続的指導もありません。加盟者は複数企業の商品・サービスを取り扱えます。

(5) 関連法規

わが国では，フランチャイズシステムの規則を直接の対象とする法律はありませんが，実際に事業展開や運用するために法律は関係してきます。情報開示や運用の在り方について，中小小売商業振興法と独占禁止法に定めがあります。また，チェーンにとって重要な価値である商標について，商標法，不正競争防止法や，運用するにあたり重要となる労働基準法の基礎知識は必要です。

① 中小小売商業振興法

中小小売商業振興法（以下，「小振法」といいます）は，商店街の整備，店舗の集団化，共同店舗などの整備などを通じて，中小小売商業の振興を図ろうとする法律です（小振法1条）。

高度化事業の一例として連鎖化事業を挙げています（小振法4条）。その連鎖化事業のなかでも，「当該連鎖化事業にかかる約款に，加盟者に特定の商標，商号その他の表示を使用させる旨及び加盟者から加盟に際し加盟金，保証金その他の金銭を徴収する旨の定めのあるもの」を特定連鎖化事業とし（小振法11条），フランチャイズシステムはこれに含まれます。

また，「継続的に，商品を販売し，又はあっせん」する事業に限られているため小売業や飲食業のフランチャイズが対象になります。サービス業のフランチャイズシステムは対象ではありません。

特定連鎖化事業に加盟した者は共通の商標などの使用が義務付けられるとともに，加盟金などの支払い義務を負います。そこで，加盟しようとする中小小売商業者を保護するために，特定連鎖化事業を行う者は，その加盟希望者に対して，契約内容の重要事項について記載した書面（いわゆる「法定開示書面」）を事前に交付して説明することが義務付けられています（小振法11条）。

② フランチャイズ・ガイドライン（独占禁止法）

公正取引委員会は，本部と加盟者間の取引でどのような取引が独占禁止法上問題となるか「フランチャイズ・システムに関する独占禁止法上の考え方について（平成14年4月24日公正取引委員会）」(現在，「フランチャイズ・ガイドライン」と呼ばれています）に明記しています。

フランチャイズ・ガイドラインのフランチャイズの定義は前述のとおりですが，小売業・飲食業に限らずサービス業やその他のフランチャイズも対象になります。

本部の加盟者募集において，以下のような行為は「ぎまん的顧客勧誘」に当たり，独占禁止法違反となります。

- 本部が，提示した予想売上，予想利益の算出根拠や算出方法が合理性を欠いている。
- 本部が，ロイヤルティの算定方法に必要な説明を行わず，ロイヤルティが実際よりも低い金額であるかのように開示している。
- 他本部とのシステムの内容を，客観的でない基準で比較し自らのシステムが優良または有利のように開示している。
- 中途解約の違約金が実際は高額であるのに，違約金は徴収されないかのように開示している。

フランチャイズ契約締結後の本部と加盟者との取引については，「優越的地位の濫用」,「抱き合わせ販売等・拘束条件付取引について」,「販売価格の制限について」が説明されています。

③ 商標法

商標とは,「文字,図形,記号もしくは立体的形状若しくはこれらの結合又はこれらと色彩との結合（これを,「標章」といいます）であって,①業として商品を生産し,証明し,又は譲渡するものがその商品について使用をするもの,または,②業として役務（いわゆる「サービス」）を提供し,または,証明する者がその役務について使用をするもの」（商標法第2条第1項）を言います。

「登録商標」は,商標権者は排他的・独占的に使用する権利を有します。（商標法25条）権利者は,権利侵害行為の差し止めを請求（商標法36条）,損害賠償を請求することができます（商標法38条）。また,自己の業務上の信用を回復するのに必要な措置を求めることができます（商標法39条,特許法106条）。

加盟者は,商標を使用することから,商標の使用にあたってはチェーンの価値を害さないように制約を受けます。

④ 不正競争防止法

不正競争防止法では,「周知表示の混同惹起行為」に注意しましょう。「周知表示の混同惹起行為」とは,「他人の商品・営業の表示（商品等表示）として需要者の間に広く認識されているものと同一又は類似の表示を使用し,その他人の商品・営業と混同を生じさせる行為」のことです。

⑤ 労働基準法

「働き方改革を推進するための関係法律の整備に関する法律」いわゆる「働き方改革」の関連法が2018年7月6日に公布され,2019年4月1日より順次施行されています。

働き方改革の3つの柱として,「働き方改革の総合的かつ継続的な推進」,「長時間労働の是正と多様で柔軟な働き方の実現等」,「雇用形態にかかわらない公正な待遇の確保」とし，労働者の環境改善と生産性の向上を図るのが目的となっています。

コンビニエンスストアの時短営業は増えてきましたが，かつて24時間営業のコンビニエンスストアでの残業代未払いや長時間労働など労働基準法として問題になっていました。

⑥ その他の法律

特許法，民法，商法，特定商取引法，製造物責任法などがフランチャイズに関係します。

⑦ 一般社団法人フランチャイズチェーン協会

法律ではなく協会の自主基準です。一般社団法人フランチャイズチェーン協会から，「一般社団法人フランチャイズチェーン協会倫理綱領」および，「加盟者希望者へ情報開示と説明等に関する自主基準」などが発表されています。

2. フランチャイズシステムの戦略的意義

第1章で述べたように，企業の成長戦略においてフランチャイズシステムを活用することで少ないコストで急速な事業拡大を可能にします。これこそがフランチャイズシステムの戦略的意義といえます。

本節ではフランチャイズシステムのビジネスモデルを説明し，その戦略的意義について詳しく説明します。

(1) フランチャイザーとフランチャイジーのビジネスモデル

① フランチャイザーのビジネスモデル

図表2-4はフランチャイザーのビジネスモデルをビジネスモデルキャンバスで表したものです。ビジネスモデルキャンバスは9つの要素でビジネスモデルを可視化するツールで，提供価値（VP）を中心に，左側は調達やリソースに関する要素，右側は顧客やチャネル等の販売に関する要素を表しています。また，下半分の右側は収益（RS），左側は費用（CV）を表します。

図表2-4　フランチャイザーのビジネスモデル

KP(主要パートナー)	KA(主要アクティビティ) KR(主要リソース)	VP(提供価値)	OR(顧客との関係) CH(チャネル)	OS(顧客セグメント)
仕入先 フランチャイジー	KA(主要アクティビティ)：パッケージ開発 経営支援・監査 フランチャイジー開拓 KR(主要リソース)：ブランド フランチャイズパッケージ 情報システム マネージャ	ブランド使用権 ビジネスノウハウの提供 経営支援	OR(顧客との関係)：FC契約 CH(チャネル)：対面 WEB	フランチャイジー

OS(コスト構造)	RS(収益の流れ)
共通オペレーション費 広告、販促、仕入など パッケージ開発費用 本部人件費 フランチャイジー募集費 システム開発費	イニシャルフィー 毎月ロイヤルティ 有料サービスフィー (広告、仕入手数料、追加サービス販売など)

出典：筆者作成

フランチャイザーは契約により，フランチャイズパッケージをフランチャイジーに提供します。また，フランチャイジーがスムーズに事業を立ち上げるため初期段階の立ち上げ支援や，継続的な経営支援，研修を行います。

主要なアクティビティ（KA）には「パッケージ開発」，「経営支援・監査」，「フランチャイジー開拓」があります。

「パッケージ開発」とは，自身の成功体験に基づいてビジネスモデルを商品化するものです。具体的には，フランチャイジーに提供する事業運営の仕組みや販売方法，経営ノウハウ，店舗フォーマットや，教育プログラム，フランチャイジーとの契約書類等を開発することです。また，生産性を高めるために情報システムを組み込むことも含みます。

例えば，仕入発注や売上管理，経理などのシステムは事業運営の効率化や本部としての監査に役立ちます。初期のパッケージ開発には弁護士やコンサルタント等専門家の費用やシステム投資も必要となり最初の内は財務負担が大きくなります。また，環境変化への対応など継続的に改善することも肝要です。

「経営支援・監査」では，フランチャイジーの経営を支援するための初期段

図表2-5　フランチャイジーのビジネスモデル

KP（主要パートナー）	KA（主要アクティビティ）	VP（提供価値）	OR（顧客との関係）	OS（顧客セグメント）
フランチャイザー	パッケージ運用 仕入・販売 人材募集・育成	商品・サービス	販売	生活費など
	KR（主要リソース）		CH（チャネル）	
	資金 店舗 人材		店舗 WEB 対面	

OS（コスト構造）		RS（収益の流れ）
イニシャルフィー	店舗：賃料等	商品・サービス売上
毎月ロイヤルティ	人件費・他経費	
有料サービスフィー	新店舗：初期投資	

出典：筆者作成

階，および継続的な支援および監査を行います。

「フランチャイジー開拓」は，フランチャイザー自身のビジネス成長のためにフランチャイジーを募集するアクティビティです。

このフランチャイズパッケージを標準的に適用することにより，効率よくフランチャイジーを増やすことができるのです。

フランチャイザーの主な収益（RS）は，フランチャイジー加入時の初期費用（イニシャルフィー），毎月のロイヤルティ，広告・販売促進，共通仕入手数料，研修費等のフランチャイジーに提供するサービスの対価です。一方，費用（CS）として，フランチャイジーに提供するビジネスパッケージ開発費（専門コンサルタントとの契約，システム開発費用等），共通オペレーション費として広告や仕入，本部の人件費や経費，フランチャイジーの募集費等が費用となります。

② フランチャイジーのビジネスモデル

一方フランチャイジーは，店舗を準備し，フランチャイズパッケージに準じて商品やサービスを販売し，その収益（RS）は商品・サービス売上となりま

図表2-6　フランチャイザーとフランチャイジーのビジネスモデル

KP（主要パートナー）
仕入先
Fcee
KA（主要アクティビティ）
パッケージ開発
経営支援・監査
フランチャイジー開拓
KR（主要リソース）
ブランド
フランチャイズパッケージ
情報システム
マネージャ
VP（提供価値）
ブランド使用権
ビジネスノウハウの提供
経営支援
OR（顧客との関係）
FC契約
CH（チャネル）
対面
WEB
OS（顧客セグメント）
フランチャイジー
OS（コスト構造）
共通オペレーション費（広告・販促・仕入等）
パッケージ開発費用
本部人件費
フランチャイジー募集費
システム開発費
RS（収益の流れ）
イニシャルフィー
毎月ロイヤルティ
有料サービスフィー

KP（主要パートナー）
フランチャイザー
KA（主要アクティビティ）
パッケージ運用
仕入・販売
人材募集・育成
KR（主要リソース）
資金
店舗
人材
VP（提供価値）
商品・サービス
OR（顧客との関係）
販売
CH（チャネル）
店舗
WEB
対面
OS（顧客セグメント）
生活費など
OS（コスト構造）
イニシャルフィー
毎月ロイヤルティ
有料サービスフィー
新店舗初期投資
店舗：賃料等
人件費
店舗運営費
RS（収益の流れ）
商品・サービス売上

出典：筆者作成

す。主な活動は図表2-5の主要アクティビティ（KA）にある通り，経営（パッケージ運用），商品の仕入・販売，自身の事業で働く人材の募集や育成になります。

コスト（CS）は初期費用として，店舗に係る費用や人件費の他，フランチャイズ加盟の初期費用，ロイヤルティ，有料サービスフィーを負担します。

③ フランチャイザーとフランチャイジーのビジネスモデル

図表2-6はフランチャイザーとフランチャイジーのビジネスモデルを並べたものです。これを見ると加盟時点のイニシャルフィー及び，毎月フランチャイジーが商品・サービスから得た収益の一部を費用としてフランチャイザーに支払い，それがフランチャイザーの収益になっていることが明白です。

これらを支払ってもフランチャイジーのオーナー候補にとって魅力的な収入が得られ，かつ事業継続のために利益を出す必要があります。そうでなければこのフランチャイズシステムに加盟したいというフランチャイジーは獲得できません。従って，加盟時のイニシャルフィーや毎月発生するロイヤルティはコストプラス的な発想ではなく，マーケットイン的な発想で設定しなければなりません。

フランチャイザーにとって，フランチャイジー毎に得られる収益は大きくなく，収益を上げる為にはフランチャイジーの数を増やすことが重要になります。

それでもフランチャイズシステムは成長戦略において有効です。その意義について考えます。

(2) フランチャイズシステムの戦略的意義

① 急速な事業拡大

フランチャイズシステムを採用する意義としてまず挙げられるのは急速な事業拡大が可能であるということです。

販売拠点を増やして事業を拡大する際，自己資本で新たな販売拠点を増やす方法と他人資本を利用して新たな販売拠点を増やす方法があります。前者はレギュラーチェーンシステムであり，後者がフランチャイズシステムです。

レギュラーチェーンシステムの場合は，新たな販売拠点を増やすために自己資本か借入金で，店舗投資を行い，店舗の人員を採用することになります。

図表2-7は，出店費用300万円として，月商150万円の店舗を毎年1店舗増やした場合のモデルです。売上は店舗増加とともに増えますが，店舗投資が必要となり資金が必要となるため，急増させることが難しく，また，増加した店舗の減価償却費や店舗人員数が増加しますので，利益も逓増する形です。

一方，図表2-8の左側はフランチャイザー，右側はフランチャイジーのモデルになります。

ここでは加盟金を50万円，ロイヤルティを月5万円，有料サービスを売上高の2%と与件としています。簡素化のため，フランチャイジーは1店舗あたりの損益は5年間変わらないものと仮定します。

フランチャイザーにとっては，初期投資が大きい割に売上規模は少なく，最初の数年は赤字ですが，店舗数が100店を超えて以降，黒字になっています。店舗投資はフランチャイジーが負担するため，フランチャイザーはスピーディに店舗を拡大することができます。一方，フランチャイジーが増えればフランチャイザーの経営支援や監査の負荷が高くなるため，本部の人件費，旅費交通

図表2-7　レギュラーチェーンシステムモデル

	計算根拠	1年目	2年目	3年目	4年目	5年目
新規店舗		1	1	1	1	1
全店舗		1	2	3	4	5
1店舗費用	3000	3000	3000	3000	3000	3000

単位：千円

	計算根拠	1年目	2年目	3年目	4年目	5年目
売上	18000/年	18,000	36,000	54,000	72,000	90,000
原価	20%	3,600	7,200	10,800	14,400	18,000
総利益		14,400	28,800	43,200	57,600	72,000
家賃	1800/店	1,800	3,600	5,400	7,200	9,000
人件費（店舗）	10000/店	10,000	20,000	30,000	40,000	50,000
その他経費	500/店	500	1,000	1,500	2,000	2,500
減価償却費		300	600	900	1,200	1,500
販売管理費		12,600	25,200	37,800	50,400	63,000
営業利益		1,800	3,600	5,400	7,200	9,000

出典：筆者作成

費等の費用は増えます。ここで，効率的に運営することで費用の増加率を抑える工夫が必要となります。例えば，地域での出店を集中的に行うドミナント戦略による物流や管理コストの低減は良い例です。

店舗数が多くなると，効率が良くなる面もあります。バイイングパワーを活かした仕入原価率の低減や，広告・販促費などの有料サービスを利用するフランチャイザーが増えるため，原価率を下げることが出来ます。

このように，既存のフランチャイジーから安定した収益を得ながら，フランチャイジーの数を増やすことで売上，利益を飛躍的に伸ばすことが可能になります。

② リスクの回避

一般に企業を取り巻く環境変化リスクを考慮すると，総資産が大きい企業は総資産が少ない企業に比べて資産の回転率が悪く，すぐに現金化できないためリスクが高いと言えます。レギュラーチェーンでは店舗や社員が資産であり，撤退する際には費用や時間がかかります。一方，フランチャイズシステムで

図表2-8　フランチャイズシステムモデル

フランチャイザー初期費用

単位：千円

項目	金額
事務所費	3,000
システム投	10,000
ビジネス開	8,000
合計	21,000

人数	1年目	2年目	3年目	4年目	5年目
新規店舗	1	30	40	50	50
全店舗	1	11	51	101	151
本部人員	4	4	5	6	7

フライチャイザー５年間損益

単位：千円

	計算根拠	1年目	2年目	3年目	4年目	5年目
加盟金	500	500	15,000	20,000	25,000	25,000
ロイヤルティ	50	50	550	2,550	5,050	7,550
その他	0	360	3,960	18,360	36,360	54,360
売上		910	19,510	40,910	66,410	86,910
家賃	本部家賃	2,400	2,400	2,400	2,400	2,400
人件費	5000/人	20,000	20,000	25,000	30,000	35,000
広告宣伝費		6,000	6,000	6,000	6,000	6,000
その他経費		2,000	7,000	8,000	9,000	10,000
減価償却費		3,000	3,000	3,000	3,000	3,000
販売管理費		33,400	38,400	44,400	50,400	56,400
営業利益		-32,490	-18,890	-3,490	16,010	30,510

フランチャイジー初期費用

単位：千円

項目	金額
店舗・内装	3,000
加盟金	500
その他	1,000
合計	4,500

フランチャイジー年間損益

単位：千円

	計算根拠	1年目
売上	18,000/年	18,000
原価	20%	3,600
総利益		14,400
家賃		1,800
人件費		10,000
ロイヤルティ	600/年	600
共通サービス	2%	360
その他経費		500
減価償却費		300
販売管理費		13,560
営業利益		840

出典：筆者作成

は，フランチャイザーの財務上の総資産は相対的に小さく，店舗縮小が比較的容易にできます。また，急速な出店が可能なため，商機を逃さずに機会損失リスクを回避します。

③ 安定した経営基盤

初期段階では収益よりも費用がかさみますが，ロイヤルティという安定収入を得られるようになります。さらに，急成長ビジネスには一般的に資金も人も集まるため，ますます安定した経営基盤を持つことになります。

3. フランチャイズシステムに向く事業・向かない事業

フランチャイザーが採用するフランチャイズシステムは優れた成長戦略と言えます。また，あらゆる業種に対応できるシステムでもあります。しかしながら，フランチャイジーの数に依存するビジネスであること，初期投資が十分必要なことから，フランチャイズに向く事業と向かない事業があります。

本節では，フランチャイズシステムを採用する前に，事業がフランチャイズに向くか否か判断するチェックポイントを5つの分野にまとめました。

(1) フランチャイズシステムの要件

① 経営者要件

- 事業の「志」があること
- パートナーを信頼できること

フランチャイズシステムはフランチャイザーとフランチャイジーが対等な契約に基づくビジネスパートナーとして共に成長するシステムです。パートナーとして経営者が信頼できる人物なのかはフランチャイジーにとって重要な選択要件です。

フランチャイザー自身の「志」は，事業への想いであり，明確な事業のビジョンです。この想いやビジョンを本部の社員やフランチャイジーと共有し，共に成長する姿勢が重要です。

図表2-9　フランチャイズシステムの要件

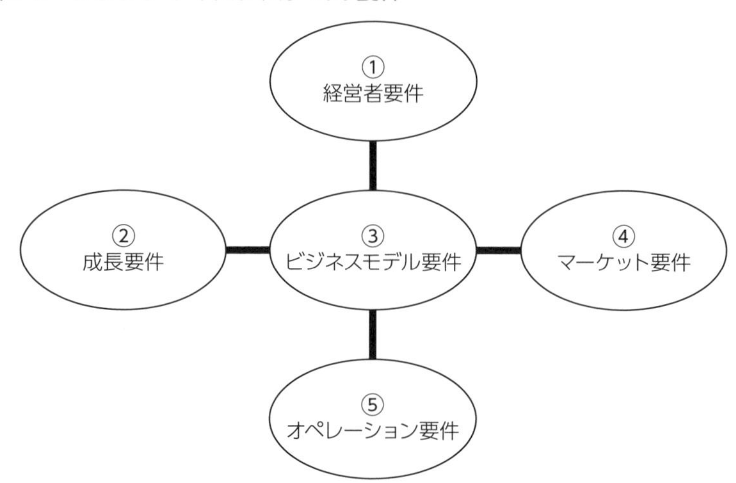

出典：筆者作成

また，ビジネスパートナーという意識をもってフランチャイジーを尊重するような経営者であることが必要です。もともと自分自身で行っていた事業なため，経営に干渉したくなることもあるかもしれませんが，パートナーとして尊重しなければなりません。

② 成長要件

- 財務状況が良好であること
- 財務シミュレーションが一定以上の確度で予測できること

フランチャイザーは初期投資がかかるため，財務状況が良好であることが要件になります。また，プロトタイプの検証により，売上・費用・利益計画が一定以上の確度で予測できることが望まれます。事前にこの予測が出来れば，新たなフランチャイジーと契約するか否か，あるいはどのようなリスク対策を打つかの判断ができ，失敗リスクを低減できます。

③ ビジネスモデル要件

- 売上高利益率が高い，もしくは商品回転率が高いビジネスであること
- 投下資本利益率が高いビジネスであること

フランチャイジーあってのフランチャイザーですから，フランチャイジーのオーナーが十分収入を得られること，フランチャイジーの成長のため利益が得られることが必要です。

前節で述べた通り，フランチャイザーの収益はフランチャイジーの費用から得られます。つまり，フランチャイザーに加盟金，ロイヤルティ，その他サービス料を支払ってもフランチャイジーに十分な利益が残る必要があります。このことから，売上高利益率が高いもしくは商品回転率が高い事業であることが要件になります。

また，フランチャイザーの収益はフランチャイジーの数に依存します。フランチャイジーの数を急速に増やさないとフランチャイザー自身の利益が出てきません。そのため，投下資本利益率が高い，言い換えれば投資回収期間が短いビジネスである必要があります。

④ マーケット要件

- 市場競争力のある商品/サービスであること
- 展開する市場規模が十分あること

フランチャイジーの事業が成功するためには，市場競争力のある商品/サービスであることが重要です。消費者・購買者にとって魅力的でなければ，誰がやろうとも成功は難しいといえます。

また，フランチャイズシステムは多くの店舗によって成立する事業ですから，想定する展開市場全体規模が大きいことが必要です。その為，ビジネスモデルには地域依存がないことが望ましいといえます。例えば，寒冷地でしか通用しないビジネスモデルでは展開できる地域が限定されてしまいます。逆に地域依存性がなければ，マクドナルドやケンタッキー・フライド・チキンのようにグローバルに展開できる可能性もあるのです。

⑤ オペレーション要件

- フランチャイズパッケージの転写性が高いこと
- 自身の検証済みのフランチャイズパッケージであること

フランチャイズパッケージの転写性が高いこととは，フランチャイザーのビジネスモデルをコピーしやすいということです。初めて経営者になるフランチャイジーのオーナーでも，成功モデルにのっとった事業運営を早く習得できることが重要です。

フランチャイジーにとって，フランチャイズパッケージを用いるということは，事業を立ち上げ軌道に乗せるまでの時間を買うということを意味します。フランチャイザーにとっても，支援する負荷を最小限に抑えて生産性を高めること，事業拡大スピードを上げることが可能になります。難しいオペレーションや属人的な要素が多いと，フランチャイザーは手間とコストがかかる上，フランチャイジーにとっても事業運営が難しくなります。

そのために，フランチャイザーは少なくとも1店舗は自分自身で店舗運営を行っていることが重要です。自身の店舗をプロトタイプとして実証実験を行い，実現可能なフランチャイズパッケージを作るのです。具体的には，立地タイプや店舗レイアウト等のデザイン，標準的な商品政策，事業運営方法等が決まっていることが望まれます。複数店舗で実証実験できれば，より確度の高いプロトタイプができます。

(2) フランチャイズシステムを始めるための準備

事前準備として特に重要なのは，事業運営方法を効率化した上でのフランチャイズパッケージの準備と収益予想です。

① 実際店舗での実証実験による効率化とフランチャイズパッケージの準備

オペレーションを効率化した上でフランチャイズパッケージを準備しておく必要があります。また，フランチャイジーとは契約関係で結ばれることになりますから，法律知識の習得や必要な対応は十分しておくことが重要です。

フランチャイザーでは，フランチャイジーを支援および監査する機能に加え，本部が行う方が効率の良いものは本部で行います。例えば，広告宣伝や仕入れ，システム投資などが例として挙げられます。また，会計業務のシステム化ができれば本部の監査機能も効率よくできます。

基本的にフランチャイジーが早く自立できるように，また，フランチャイザーとしての運営コストを下げるようにフランチャイジーに対してトレーニングを提供してスタート時支援を手厚く行い，継続的支援を必要最小限に抑えます。フランチャイザーの本部機能の効率が悪ければ，その費用はイニシャルフィーやロイヤルティに転嫁することになりますから，フランチャイザー自身の効率化は重要です。

② 収益予想

フランチャイズビジネスのための事前準備や，フランチャイジーが十分集まらない立ち上げ期には，フランチャイザーとしてのコストがかさみます。成長するにつれこれらの割合は低減しますが，成長スピードを事前に検証するためにも数か年計画で収益予想を行い，どの位のスピードで事業拡大できるかシミュレーションしておくことが重要です。

これら準備は大変そうに思えますが，失敗しないためにも，成長スピードを上げるためにも必要なことです。その際には，専門家に相談することをお勧めします。

【参考文献・資料】

Donald D. Boroian and Patrick J. Boroian (1987) “The Franchise Advantage: Make It Work for You”, Chicago Review Pr.（藤本直訳，木原健一郎監修『フランチャイズアドバンテージ―FCビジネス起ち上げの極意』ダイヤモンド社，1996年）
Donald D. Boroian and L. Patrick Callaway “Franchising Your Business”
内川昭比古（2005）『フランチャイズ・ビジネスの実際』日本経済新聞出版社
フランチャイズ研究会（2013）『フランチャイズ本部構築ガイドブック -決定版！これ1冊で多店舗化戦略がわかる！』同友館
「JFAフランチャイズガイド」一般社団法人日本フランチャイズチェーン協会

http://fc-g.jfa-fc.or.jp/

「フランチャイズ・システムに関する独占禁止法上の考え方について」公正取引委員会

https://www.jftc.go.jp/dk/guideline/unyoukijun/franchise.html

COLUMN

ドナルド兄弟のハンバーガーショップとレイ・クロック

レイ・クロックは，マクドナルドの創業者としてマクドナルドを世界最大のファストフードチェーンに育てた人物です。

1950年代半ば頃，マクドナルドがフランチャイズとして世界的な巨大な企業になる前のお話になります。

ディックとマックのドナルド兄弟のハンバーガーショップは，1個15セントのハンバーガーを買うために連日たくさんの客が行列をなしており，大繁盛していました。

一方，レイ・クロックは，その20年前からマルチミキサーという商品を販売する権利を得てレストランやランチ・カウンターに売り込んでいたセールスマンでした。以前は，紙コップを売り歩いており，その顧客にマルチミキサーを売っていました。

クロックの会社が存続の危機に陥った時，ドナルド兄弟のハンバーガーショップの繁盛ぶりと自社とのギャップに衝撃を受け，この店をよく観察しました。作業のスピード，能率の良さ，衛生面での配慮にも，クロックは驚きました。この店の繁盛ぶりにかかわりを持ちたいと思いました。

クロックは，ドナルド兄弟が「スピーディー・サービス・システム」と名付けた販売の仕組みをフランチャイズ方式で広めたがっていると知りました。この時，すでに数軒のフランチャイジーが存在しており，フランチャイジーは，マクドナルドという店名，メニュー，建物のつくり，その他全体的なシステムを引き写しする権利を買い取り，営業を開始していました。

レイ・クロックは新しいマクドナルド・チェーン店が開店するたびに，少なくとも2台のマルチミキサーが売れると計算しました。そのために，自分をフランチャイズ開拓の新たなエージェントとして認めてくれるように頼み込み，そして初めてビジネスとしての関わりができました。

ここから，フランチャイズとしてのマクドナルドの成長が始まったのです。

（参考：ドアンルド・D・ボロイアン/パトリック・J・ボロイアン『フランチャイズ・アドバンテージ』ダイヤモンド社）

第3章 フランチャイズ本部の構造と設計

1. 優秀なフランチャイズ本部とは

フランチャイズビジネスをスタートするということは，具体的には，「フランチャイズの制度を設計する」ことと，「その制度に基づいてビジネスを実行するフランチャイズ本部を立ち上げて運営する」ことを意味します。それでは，優れたフランチャイズ制度と優秀なフランチャイズ本部とは，どのようなものでしょうか？ 以下でいくつかのポイントを挙げていきます。

(1) 他のビジネスシステムよりも，収益性や成長性が高いこと。

フランチャイズは，主宰者である本部にとっても，加盟店にとっても，多様なビジネスのやりかたの中の1つの選択肢でしかありません。あるビジネスモデルが成功し，事業展開を拡大するにあたっては，①直営店（RC=レギュラーチェーン）展開，②フランチャイズチェーン（FC）展開，の他，③代理店販売，④VC展開（VC=ボランタリーチェーン展開，主宰が卸売業者などの場合）などもあります。主催者にとっては，他のビジネスモデルよりも収益性が高くなくては，フランチャイズを始める意義がありません。

加盟店にとっても，本部へのロイヤルティを支払ってもなお，自らのブランドで出店するよりも高い生産性や収益性がなければ意味がありません。そのためには，商品やサービスの内容が，質量ともに，類似商品や競合サービスに比べて，圧倒的に差別化されていなければなりません。

例えば，居酒屋を例にとると，昔の居酒屋は，家族経営でアルバイトを2名くらい雇い，年商5,000万～1億円，粗利20％程度で経営しているのが普通でした。今の居酒屋チェーンは，収益性は5倍くらいになっています。

上がった収益のうち，本部のロイヤルティで利益の6～7割を取られますが，

図表3-1　ビジネス展開のアプローチ

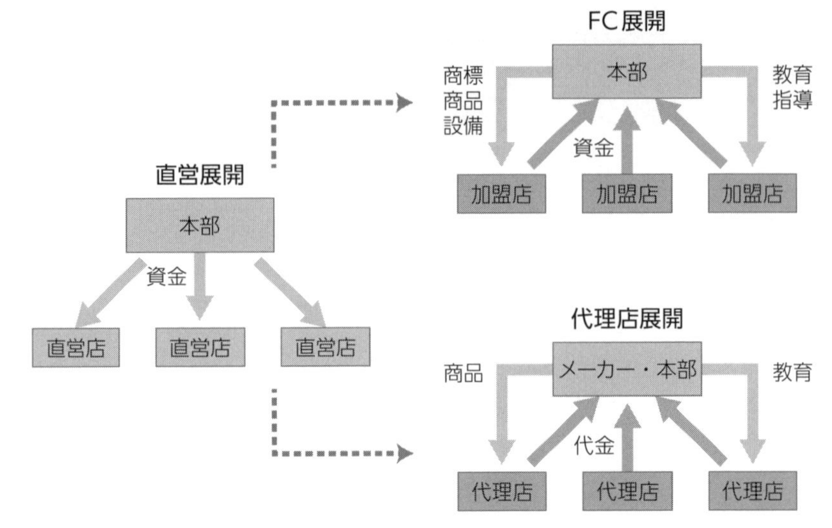

出典：筆者作成

それでもなお，家族経営の居酒屋よりはかなり高いということです。

コンビニエンスストアの基本モデルは，年商2億円前後（1日50～70万円の売り上げ），粗利30～35%程度と言われています。これでパート・アルバイトを何人か雇って，夫婦2人で生活できる金額が安定して稼げる，ということになります。

フランチャイズチェーン・ビジネスの高収益性を支える2つのポイントは，①商品やサービスそのものの魅力，②ビジネスシステムの生産性の高さ，です。

①については，他社にない製品やサービスを持っているか，圧倒的な価格競争力があるか（生み出せるか），ブランド力・ブランドイメージは確立されているか，ブランド認知度はあるか，といった所が重要です。

②については，特別な営業ノウハウがあるか，競争力のある販促手法を持っているか，先進的な経営システム（情報シススムや経営ノウハウ）があるか，といった点において差別化できていなくてはなりません。

なお，経済産業省の調査によると，フランチャイズチェーン加盟店の年間売

図表3-2　フランチャイズチェーンの売上と収益

〈2006年度加盟店の年間売上高（分布）〉

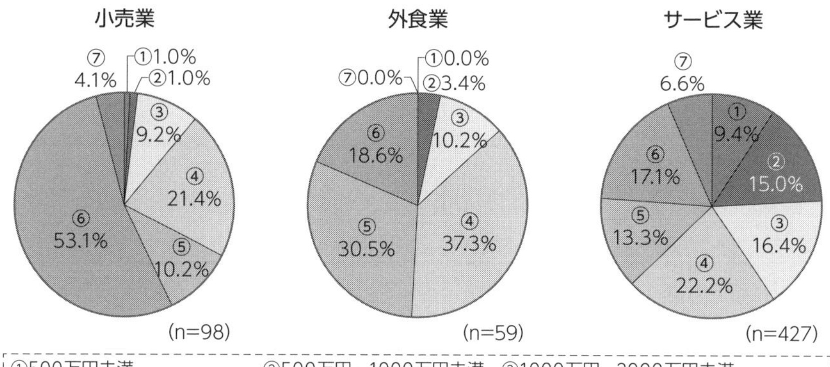

①500万円未満　②500万円～1000万円未満　③1000万円～2000万円未満
④2000万円～5000万円未満　⑤5000万円～1億円未満　⑥1億円～5億円未満　⑦5億円以上

〈2006年度加盟店の年間収入（分布）〉

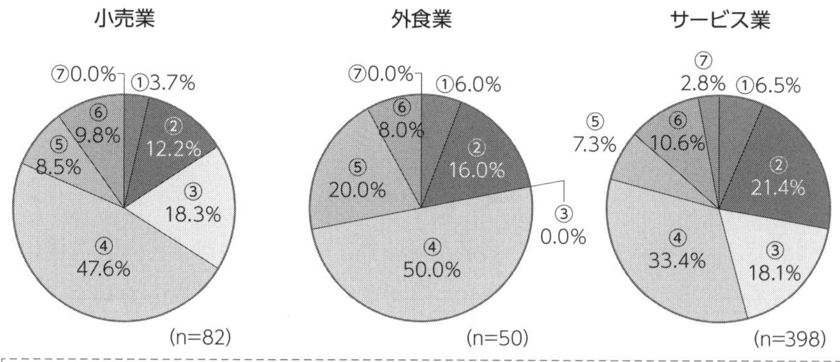

①100万円未満　②100万円～500万円未満　③500万円～1000万円未満
④1000万円～5000万円未満　⑤5000万円～1億円未満　⑥1億円～5億円未満　⑦5億円以上

出典：経済産業省（2008）「フランチャイズ・チェーン事業経営実態調査報告書」

上は，小売業では1～5億円が最も多く，外食およびサービス業では2,000～5,000万円が最も多くなっています。加盟店の収益としては，いずれの業種も1,000万円～5,000万円がもっと多くなっています。一般的に小売業では売上規模が大きく，サービス業のほうが売上・収益ともに低い小規模店舗が多いことがわかります。

(2) 中長期的に持続可能で安定的なビジネスであること

フランチャイズチェーン・ビジネスは，加盟店との契約があるため，収益性が上がらないからといってすぐに止めることもできません。中には，短期的に店舗を広げてすぐに撤退してしまうフランチャイズチェーンも散見されますが，それらはそもそもフランチャイズチェーンの理念に合わないものです。

中長期的に安定的に発展可能なビジネスにするには，転写性が高い仕組みを作る必要があります。狭い顧客層や特別な条件の揃った地域でしか成功しない仕組みでは，フランチャイズチェーンの展開は難しいと言えます。直営ビジネスであれば，多様な条件で出店をしてみて試行錯誤を行いながら事業展開をすることもできますが，フランチャイズチェーン・ビジネスではそれはできないため，当初より転写性が高い仕組みを作らなければなりません。

転写性が高いということは，①汎用性のある商品・サービスであること，②販売・提供方法が標準化できる（できている）こと，が必要です。

①については，ある程度の広い商圏で一般的に受け入れられる商品・サービスであることが必要です。ある狭い地域でしか受け入れらない商品・サービスでは多店舗展開の余地が少ないですし，ある特定の顧客層にしか受けない商品・サービスでは商圏の広い大都市の都心部でしか事業が成り立ちません。②については，ノウハウの非属人性が必要です。教育やマニュアル化により簡単な訓練で高い品質の接客やサービスが提供できなければなりません。機械化や専用設備による自動化も，非属人化と生産性向上の両面で非常に有効です。

なお，中長期的な持続性という意味では（1）で挙げた「圧倒的な差別化」要因が，容易に他社に真似されるようなものではいけません。競合に簡単に真似されては，価格競争に巻き込まれてFCの収益性が急激に低下してしまいます。そのためには，絶え間ない新商品や新サービスの開発と，提供・販売ノウハウのブラックボックス化が必要です。店舗を訪れたくらいではわからないノウハウが必要であり，そのノウハウの流出防止や，容易に真似できない従業員の教育システムの構築も重要です。独自業務の専用設備化や，飲食業であれば調理のセントラルキッチン化などは，その手法としても有効です。

(3) フランチャイズチェーンとレギュラーチェーンの組み合わせ

飲食業・サービス業などでの有名フランチャイズチェーンも，事業展開の過程で，レギュラーチェーン（RC=直営店）とフランチャイズチェーン（FC）店の比率を変えながら成長をしてきています。企業の成長フェーズや店舗の数，出店エリアの変化，世の中の嗜好の変化，などにより，レギュラーチェーンとフランチャイズチェーンの比率を柔軟に変える必要もあるということが言えます。

以下は，有名チェーンのフランチャイズチェーンとレギュラーチェーンの割合を示したものです。同じ業種であっても，フランチャイズチェーン比率によってブランドイメージや店の雰囲気が異なることがわかります。

例えば，マクドナルドは，創業期はフランチャイズチェーンにより成長しましたが，その後レギュラーチェーン比率を高くし，さらに現在ではフランチャイズチェーン比率を再度増やしています。世の中の状況と経営者の方針によって，最適なフランチャイズチェーン/レギュラーチェーンの比率は変わってくるということです。

図表3-3　有名チェーンでのチェーン店展開の状況

	小売店	カフェ	小売店	麺類	和食	サービス
全て・ほぼRC	マツモトキヨシ	スターバックス	サイゼリヤ	丸亀製麺 一蘭	すき家 SLグループ(ガストなど)	白洋舎
	ダイソー			日高屋 一風堂	塚田牧場 松屋	Mr.ミニット QBハウス
FC・RC混在		タリーズ	ドミノピザ		和民 鳥貴族	
	サンドラッグ	ドトール	CoCo壱番屋 モスバーガー			
ほぼFC	主要コンビニ	コメダ珈琲	マクドナルド KFC ミスタードーナツ	幸楽苑 らあめん花月	大戸屋 吉野家	ホワイト急便

出典：筆者による調査，2020年時点

(4) チェーン店展開の手法

前章でも解説しましたが，直営店やフランチャイズチェーン以外に，自社の製品・サービスを販売する方法として，代理店販売が有ります。

また，フランチャイズチェーンに類似するものとして，ボランタリーチェーン（VC）が有ります。

① 代理店販売

通常，主宰者は物品の場合メーカーです。サービスの場合は，オリジナルのサービス提供者が主宰する場合があります（生命保険などの保険が代表例です）。

代理店は，仕入れた商品やサービスを，自由な価格・自らの裁量で販売することができます。店舗や販売人員，物流の仕組みなども，通常は代理店が自ら整えますし，広告などの販促も代理店が自ら行います。代理店の収入は，販売額と仕入額の差（マージン）が主となります。フランチャイズチェーンと異なり，代理店は通常多くのメーカーの商品を販売し，品揃えで差別化を行います。

商品やサービスの販売の責任は，基本的に販売者（代理店）が負います。

② ボランタリーチェーン（VC）

フランチャイズチェーンと類似した流通販売方法ですが，特に卸売業者と加盟店が横のつながりで連携して運営するものをボランタリーチェーンと言います。通常卸売業者が主宰となります。流通の仕組みや情報システムなどを本部がとりまとめて構築・運用したり，共同仕入れや共同プロモーションを行うことで，加盟店はコストメリットを享受することができます。

フランチャイズチェーンが基本的に本部と加盟店の1対1のタテのつながりの集合体なのに対して，ボランタリーチェーンは加盟店と卸売業者が相互の利益のために横に繋がるイメージとなります。ボランタリーチェーンの有名なものとしては，山崎製パン（食品），オールジャパンドラッグ（薬局）などがあります。

以下に，ここまでに解説したチェーン店展開の手法の比較表を掲載します。

図表3-4　チェーン店展開の手法比較

	主宰	店舗運営	主目的	取扱商品	契約内容	出店スピード
フランチャイズチェーン(FC)	FC本部	加盟店オーナー	本部：スピード成長 加盟店：低リスク参入	本部が提供することが多い	広く経営全般	速い
直営店（RC）	自社（本社）	直営店店長	高利益率，強い店舗管理	自社製品	（直接管理）	遅い
ボランタリーチェーン(VC)	卸売業者など	加盟店オーナー	規模の利益	本部が提供することが多い	業務の一部について緩やかに	中程度
代理店	メーカー	代理店	本部：顧客獲得 代理店：儲かる商品獲得	メーカーが提供	おもに商品の売買（仕入販売）と関連事項に限定	遅い

出典：筆者作成

2. フランチャイズパッケージ

(1) フランチャイズとビジネスパッケージ

フランチャイズが，通常の販売（物販やサービスの販売）と異なるのは，「ビジネスパッケージ」の販売であるという点であり，フランチャイズの本部を立ち上げる主宰者はこの点を忘れてはなりません。

消費者や顧客に販売するものは商品でありサービスですが，フランチャイズチェーンのフランチャイジーに提供（販売）するのは，「儲かるシステム・成功のノウハウ」そのものです。自社の商品やサービスを購入してくれるのは一般の消費者や顧客ですが，フランチャイズチェーン本部に直接的にお金（加盟金やロイヤルティ）を支払って収益をもたらしてくれるのは，フランチャイズチェーン加盟店（フランチャイジー）です。フィランチャイジーがフランチャイザーにお金を払うのは，本部が提供する製品やサービスではなく，知名度のあるブランドネームの使用権のためでも有りません。短期間で儲けるノウハウや商売のシステムそのものということです。

このビジネスパッケージ（儲かる仕組み）には，以下の要素が有ります。

図表3-5　フランチャイザーとフランチャイジー

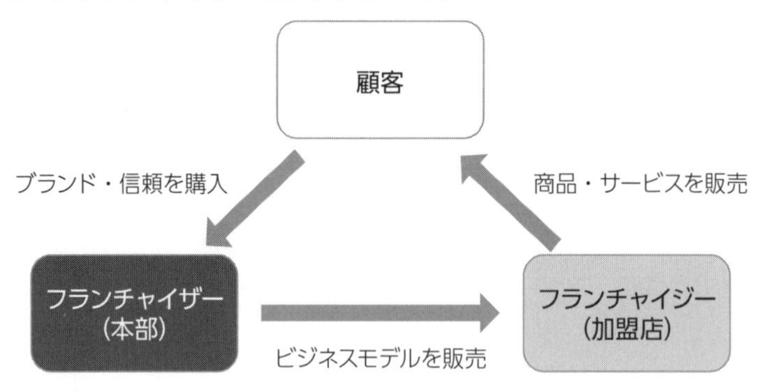

出典：筆者作成

［店舗販売の場合］

- 立地　　　　　　：立地条件，駐車場
- 店舗の規模　　　：最低の店舗面積
- 商品の構成　　　：製品構成
- 店内レイアウト：導線，見やすさ
- 店舗外装　　　　：看板，ファサード
- 店舗運営　　　　：営業時間，従業員の配置，作業内容
- 販促活動　　　　：開店時，開店後

［無店舗販売の場合］

- 営業活動　　　　：方法，期間
- 運営方法　　　　：営業時間，従業員の配置，作業内容
- 受注方法　　　　：受注，納品，支払

(2) ビジネスパッケージの要件

さて，ビジネスパッケージの「パッケージ」とはどういった意味でしょうか。パッケージであるためには「汎用性」があって「転写性」にすぐれていなければなりません。

具体的には，
①商品・サービス
②価格
③店舗・販売方法
④現場の仕事のやり方
⑤経営ノウハウ

などが，一体となって提供されており，「売上の作りかた」「利益の出し方」が明確になっている，ということになります。

「汎用性」と「転写性」にすぐれたビジネスパッケージは，以下の要件を満たしていなければなりません。

- 成功実績・実証（複数立地で）
- 生産性が十分に高いこと（ロイヤルティを払っても十分な収益性の高さがある）
- ビジネスの成功パターンが，容易に，短時間でコピーできること

逆に「パッケージ」化に向かないものや，フランチャイズチェーン化するには未成熟なものには，

- 個人の適性や能力を必要とする
- 一人前になるのに時間がかかる
- 社長（本部）による現場の指示指導が常に必要

といった特徴があります。

3. フランチャイズパッケージの計画

さて，自社の商品やサービスがフランチャイズチェーンに向く（つまりフランチャイズチェーン・パッケージ化ができる）と考えられるならば，フラン

チャイズチェーン・パッケージの内容を検討してみましょう。

(1) フランチャイズチェーン・パッケージの一般的な内容

フランチャイズチェーン・パッケージは，以下のような要素からなります。

① 商品やサービス

(消費者や顧客に提供する）商品やサービス本体。

② ビジネスシステム

フランチャイジーに提供する，商品・サービスを提供，販売するためのビジネスシステム（製造・流通・販売の仕組み，情報システムや人材教育など），およびフランチャイジーに提供される利益。

③ 契約

フランチャイズチェーン契約。フランチャイズパッケージの販売料金・使用料（ロイヤルティ，保証金など）やブランドの使用権などを多様な条項を含む，双方の権利・義務。

④ 規定類

加盟店に提供する支援の仕組みを規定化したもの。

⑤ 理念・目的

運命共同体として，フランチャイザーとフランチャイジーが共有する，経営理念・経営目的・ビジョンなど。

本来，ビジネスシステムは非常に多くの要素からなるため，フランチャイズチェーン・パッケージにも非常に複雑で多種多様なものが含まれます。そのため，フランチャイズチェーン・パッケージの各要素の間に「一貫性」が保たれていることが非常に重要になります。そのためには，フランチャイズチェーンの理念や，フランチャイズチェーン（を始める）目的を明確にしておくことが重要です。

(2) 主宰者から見たフランチャイズチェーンのメリット

フランチャイズチェーンの構築にあたって，再度自社のメリットと目的をはっきりさせておきましょう。例えば，フランチャイズチェーンを始める一般的な目的・メリットには以下のようなものがあります。

① 短期間での多店舗展開を可能にする

- 商品やビジネスモデルが陳腐化し投資回収できなくなることを避ける（流行りすたりの激しい業界など)。競合が激化する前に，いち早く事業展開を行い，先行者利益を獲得する。
- 真似されやすい商品やサービス（外食など）で，いち早くNo1のポジションを獲得しブランド化を確立する。
- いち早く大きなシェアを獲得し，規模の利益（バイイングパワーの強化，コストダウン）のメリットを得る。
- 多数のフランチャイジーの活用により金融機関から多額の資金調達を調達する。
- 多店舗展開により，経営ノウハウ（成功，失敗）について素早く学び，横展開に生かす。

② 経営のリスクヘッジ

- 他人資本（フランチャイジー）と，投資リスクをシェアする。
- 閑散時にオーナーが現場作業に入ることで，固定人件費が圧縮できる。
- 将来の独立への道を提供し，優秀社員の独立防止，社員の活性化に結びつける。
- フランチャイジーに雇用を任せることで，労務管理の手間が軽減する。
- 地元出身のオーナーが店舗展開することで，地域に受け入れられやすいビジネス展開が可能になる。オーナーの土地勘や人脈を生かした地域密着の事業展開ができる。

③ 財務の安定

- 加盟金などを得ることで，本部にとっては早期に投資の一部が回収でき，本部のキャッシュフローが改善する。
- ロイヤルティにより安定収入が得られる。
- 加盟店に商品や原材料を提供したり，設備を貸与することで，定期収入が得られる。
- 保証金による節税が見込める（キャッシュを集めながらも，利益の増加は抑える）
- 土地，建物や固定人件費を持たないため，資産や負債の少ない，身軽な経営体を作ることができる。

(3) フランチャイズチェーン・パッケージの提供による収益

フランチャイザーは，加盟店にフランチャイズチェーン・パッケージを提供することで，収益を得ます。収益を得る方法には，一般的に①保証金，②ロイヤルティ，③その他収入，といった方法があり，それらを組み合わせて自社にあったフランチャイズチェーン・パッケージを構築します。

① 保証金の設定

保証金は，フランチャイズチェーンへの加盟時に，先払いで支払ってもらうものです。加盟店の立ち上げの初期費用を賄うためと，商品や材料などを提供する場合の開店後の運転債権（売掛金）の保全の目的があり，フランチャイザーのフランチャイズチェーン募集の営業費用の回収という意味合いもあります。

一般的なフランチャイズチェーンでは，50万～200万程度が一般的です（オーナーの客層や，フランチャイズチェーンの競争力にもよる）。

運転債権の保全という意味では，売掛債権の70%程度が目安となっているようです（加盟店が200万/月の本部商品仕入れを行う場合，月末締め翌月15日払いなら最大1.5ヶ月の売掛金が発生する。その場合，200万×1.5×70%=200万弱）。

なお，保証金は，契約終了時に返還する必要があるため，一定量を預り金として残しておきましょう。

② ロイヤルティの設定

ロイヤルティは，加盟店の販売額に対して一定割合で課金する料金です。フランチャイザーとしては，本部による販売促品・広告宣伝や，新商品開発，設備の保守・更新やスーパーバイジングの経費など，加盟店支援にかかるランニングコストを賄う意味合いがあります。

ロイヤルティの割合も業種業態によって多種多様ですが，一般的に加盟店の獲得した粗利が原資となるため，粗利の大きなサービス業では多く，粗利の薄い小売業では小さくなります。

図表3-6　ロイヤルティの設定（イメージ）

	小売	飲食	サービス
粗利	30%	60%	90%
ロイヤルティ	3%	6%	10%

出典：筆者作成

なお，以下のような場合では，ロイヤルティを設定しないケースもあります。

- 本部から商品を購入することを義務づけており，仕入商品代にロイヤルティが含まれる場合
- 継続的な支援がほとんど不要で，保証金・加盟金でまかなえる場合。

ロイヤルティの算出方法は，売上高を基準に設定する場合が最も一般的ですが，粗利益を基準に設定したり，固定料金とする場合もあります。

なお，図表3-8のように，ロイヤルティの計算時に，加盟店の過失や責任により発生した商品ロス部分については，販売されたものとみなして，ロイヤリティをとる場合が多いようです。

図表3-7　ロイヤルティの設定について

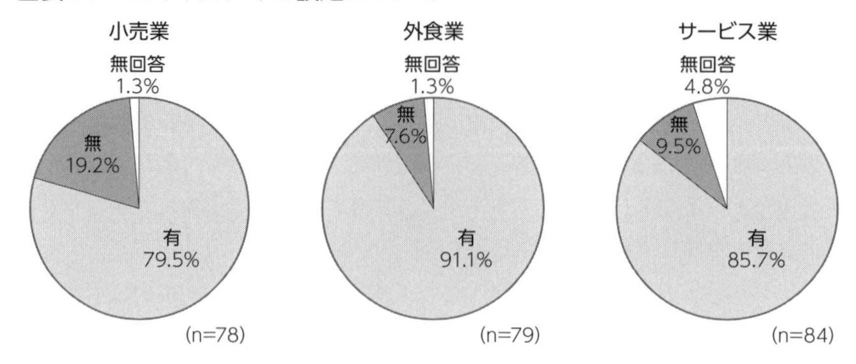

出典：経済産業省（2008）「フランチャイズ・チェーン事業経営実態調査報告書」

図表3-8　ロイヤルティの算出方法

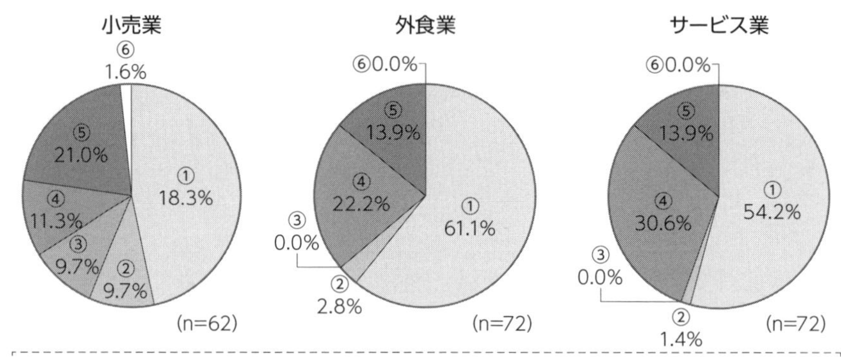

出典：経済産業省（2008）「フランチャイズ・チェーン事業経営実態調査報告書」

（4）フランチャイズのモデル収支

通常，フランチャイズパッケージの販売（フランチャイズチェーン契約）に先立って，提供するフランチャイズチェーン・パッケージによりもたらされる予定収益を，モデル収支としてフランチャイジー（加盟店）に提供します。

契約を検討する加盟店では，モデル収支を参考に，自分で加盟店を出店した場合の収支予測を行います。加盟店は出店にあたって店舗の取得，改装費用な

図表3-9　ロイヤルティ設定にあたって加盟店負担としている項目

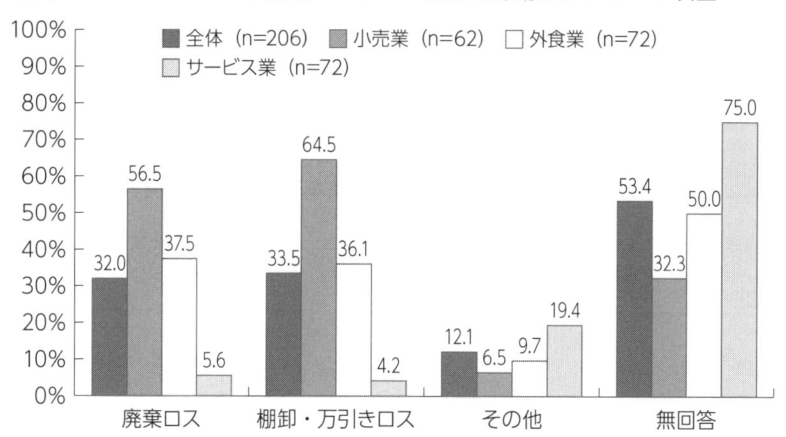

出典：経済産業省（2008）「フランチャイズ・チェーン事業経営実態調査報告書」

どについて銀行から融資を受ける場合が多いですが，その際銀行に提出する事業計画書の数値計画の基にもなります。

フランチャイズチェーン本部が提供するモデル収支は，資金繰りと投資回収期間がわかりやすいように，損益計算書と収支計画書を組み合わせて提示されることが多いようです。特に以下のような提示方法が一般的です。

- 運転資金を銀行から借りることを想定し，借入金の返済支出を含んだ計画となっている。
- フランチャイズ加盟店オーナーは個人事業が多いことを踏まえて，会計上の利益だけでなくオーナーの収入（所得）ベースの利潤で計算される（利益にはオーナーの給与分も含んだ，オーナーの手取りベースで計算）。
- オーナーにより事情が変わるため，店舗取得費用（土地，建物費用）は除く。改装費用は含める。

(5) 開業資金の目安

フランチャイズチェーン加盟店の開業資金は，業種業態によって大きく変わります。以下は開業資金の計算例です。

図表3-10　モデル収益の例（月次）

項目		金額（万円）	対売上高（%）
売上		400	100
仕入		280	70
粗利		120	30
経費	人件費	12	3
	地代	20	5
	広告費	16	4
	諸経費	16	4
	ロイヤルティ，指導料	16	4
	（小計）	80	20
営業利益（オーナーの所得）		40	10

出典：筆者作成

土地や建物をオーナーが準備するかどうか，物件が賃借か購入かでも大きく変わってきます。

図表3-11　開業資金の目安（30坪程度の店舗の場合，店舗取得費用は除く）

	項目	費用（万円）
設備資金（開店資金）	改装費用	400
	設備費用	600
運転資金	仕入れ	250
	広告宣伝費	100
加盟料金等	加盟金，保証料等	200
	システム導入費（POSなど）	100
合計		1,600

出典：筆者作成

なお，加盟店にとっては，開業資金は初期投資となるため，その初期投資を，前述のモデル収支で得られた利益で回収していく形となります。フランチャイズチェーン加盟を「投資」としてみた場合に，全ての開業資金を回収し終わったところでようやく，純粋な利潤が得られることになります。

コンビニエンスストアでは，フランチャイズチェーン本部に支払う加盟料金等は200～300万円，店舗の改装や什器など設備類に2,000～2,500万円，その他諸費用を含めて3,000万円程度，飲食（居酒屋）であれば，加盟料金等は200～300万円，店舗の改装や厨房機器など設備類に2,000～3,000万円，その他諸費用を含めて3,500万円程度かかります。

加盟店の目標すべき収益性は，以下のようになり，これを意識してモデル収支を組み立てます。

- 開店費用の回収期間は概ね3年以内であること。（長期化すればするほど，競合店の出店や顧客ニーズの変化などの経営リスクが高まる）
- 加盟店のロイヤルティ支払い後の利益（営業利益）は，10％以上は残るようにすること。
- オーナー収入が大手企業のサラリーマンの水準を超えるようにすること。（そうでないと経営者としてリスクを取る意味がない）

4. フランチャイズチェーン本部の主要機能

フランチャイズチェーンは，加盟店があってのフランチャイズチェーンであり，加盟店に支持されないフランチャイズチェーンは成り立たなくなります。

フランチャイズチェーン加盟店の本部に対する期待は，一般的に以下のようなものがあります。

- 低リスクで開業したい。開業資金が少ないとよい。ランニングコストも少ないとよい。そのために，個店開業より，設備投資や仕入れのコストが安いことを期待する。
- 誰もが簡単にできる。経験がなくても開業・成功できる。オーナー自身は，日々の店舗運営に注力したいので，それ以外の経営業務（仕入れ，新商品開発，広告，設備導入など）を本部でやってほしい。
- 長期にわたって安定した事業が営める。そのために，常に魅力的な商品を開発し，顧客を惹きつけてくれる。競争相手より優れている。

それらの期待に応えるため，業種・業態にもよりますが，フランチャイズチェーン本部では以下のような機能を備えています。

(1) 加盟店サポートの機能

① 開業支援機能

妥当性のある事業計画の策定を支援するところから始まり，店舗の設計，設備の提供（リース），許認可の取得，資金調達，人材募集などについて，開業ノウハウのない新人オーナーに，支援を提供します。

② 情報・会計機能

共同仕入れや設備レンタルからロイヤルティの支払いまで，本部と加盟店はモノやお金の情報のやりとりを密に行うため，情報・会計システムは本部がインフラとして提供する場合が多くあります。

③ 教育訓練機能

新店舗やその従業員に対して，開店前に，自社の商品やサービス，業務の流れなどを教育します。新しいシステムが入ったり新商品が出た場合の教育も必要に応じて行います。

④ マーケティング（商品開発，販促，広告宣伝）機能

魅力ある新商品の開発とそのための市場調査，季節に合わせたキャンペーンや，新商品の広告宣伝など，複数の加盟店に共同で利益があり，お金もかかるものは，本部が行います。

⑤ スーパーバイジング（SV）機能

開業後の店舗運営について，店舗の業績が向上するよう，オーナーに指導・アドバイスを行ったりサポートを行います。なお，SVの本質は「教育」ではなく「監査」にあるといえ，加盟店がフランチャイズチェーンの契約条項やコンプライアンスを遵守しているかをチェックするのが主な責任です。日本ではSVが教育指導を兼ねるケースが多くありますが，米国などでは，教育指導は

その地域の専門家（例えば経営管理であれば会計士・税理士など）にアウトソーシングすることが一般的に行われています。そうすることで未熟なSVの指導によるフランチャイジーの不満を防ぐことができます。

⑥ 商品・資材・設備の供給機能

フランチャイズチェーンの業種業態によって，店舗運営に必須な，商品，原材料，設備および消耗品などを加盟店に継続的に提供します。食品などは本部がセントラルキッチンで調理したものを店舗に納品提供することが一般的です。のぼりやカタログ，POPなどの販促ツールなども提供します。

なお，本部機能を増やせば加盟店への支援は手厚くなりますが，本部経費がフランチャイザー，フランチャイジー双方にのしかかってきます。特にフランチャイジーにとっては，本部経費の負担はロイヤルティのアップとなってきますので，本部の機能は，フランチャイジーのニーズに即したものでなければ受け入れられません。例えば，コンビニ業界では，商品開発や広告宣伝，物流や情報システムまで本部が手厚く面倒を見るため，ロイヤルティが粗利の概ね6～7割にもなり，フランチャイジーの収益性を圧迫しています。日本の典型的なフランチャイズチェーン本部を米国のものと比較すると，米国のフランチャイズチェーン本部の労働生産性は，5～10倍も高いと言われています。この主要因は，本部のIT化など業務効率化の遅れと，手厚すぎるサポートと言われています。

フランチャイズシステムの趣旨を考えると，フランチャイジーは独立した経営者であるので，本部が半恒久的に手厚く支援し続けるのではなく，フランチャイジーがノウハウを蓄積し主体的に収益性をあげられるよう，その成長と自立を支援するのが望ましいと言えるでしょう。フランチャイジーのロイヤルティ負担を適正な範囲に抑え，フランチャイジーが適正な期間で先行投資を回収できるようにする必要があります。その一方で，本部は，常に新しい商品・サービスやビジネスモデルを開発し続けることで，グループのイノベーションをリードする役割を担うのが理想です。

(2) 加盟店拡大の機能

フランチャイズ本部の重要な機能の1つに，加盟店（フランチャイジー）を増やす機能があります。その中には以下のようなものがあります。

① 加盟店開発機能

オーナーになりたい希望者を募集し，加盟店を増やします。応募者のやる気や適性もみながら，フランチャイズチェーン契約を行います。

② 金融支援機能

資金調達の経験のないオーナーに，お金の借り方のアドバイスを行います。日本政策金融公庫や地域金融機関，信用保証協会に融資をあっせんしたりして資金調達を支援します。フランチャイズチェーンによっては，社員独立制度などと組み合わせて，本部から加盟店に内部融資を行ったりする場合もあります。

③ 店舗開発機能

店舗の物件は基本的にオーナーが探しますが，場合によっては不動産業者と連携して，自社のFCに向いた土地を探して，オーナーにあっせんします。商圏分析を行ってオーナーの事業計画作成を支援します。

5. フランチャイズ本部の立ち上げ

フランチャイズ本部の立ち上げの流れは，以下のようになります。

- **第1段階**：新商品・新サービス・新業態の開発
  競争力のある新商品・新サービスや新しい業態を開発し，まずは自社直営店で一定の意向を収めたら，フランチャイズチェーンを検討します。
- **第2段階**：ビジネスパッケージの確立
  成功した直営店をプロトタイプとして，ビジネスパッケージを開発します。
- **第3段階**：フランチャイズチェーン・システムの構築とフランチャイズ

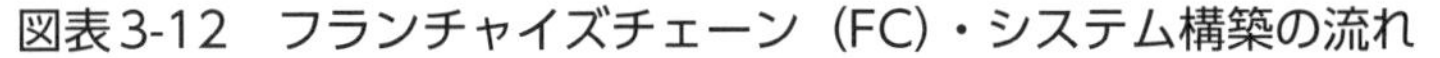
図表3-12　フランチャイズチェーン（FC）・システム構築の流れ

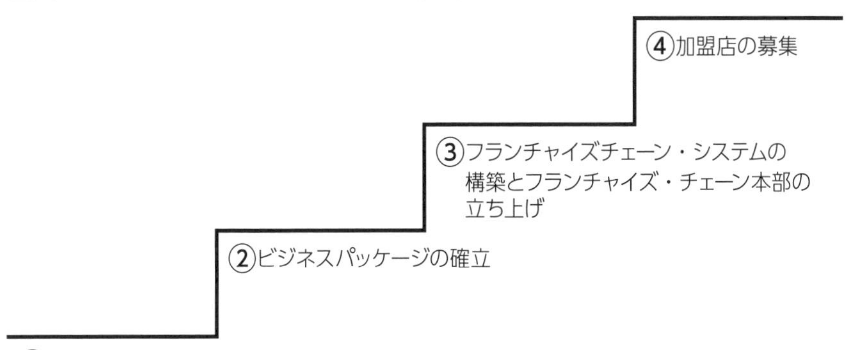

出典：筆者作成

チェーン本部の立ち上げ

フランチャイズチェーン・パッケージの概要（義務・権利，契約など）を構築し，フランチャイズチェーン事業の事業計画を策定します。

事業計画に従って，フランチャイズチェーン本部の組織づくりを行い，本部スタッフの教育訓練からスタートします。

●**第4段階**：加盟店の募集

加盟オーナを応募し，フランチャイズチェーン契約を行いフランチャイズチェーン・システムをスタートします。合わせて，加盟オーナーの開業支援も行います。加盟店の募集から最初のフランチャイズチェーンが開店しロイヤルティ収入が得られるようになるにも相応の時間がかかります。

なお，図表3-12の流れでは，当初よりフランチャイズチェーン展開を狙ったステップとなっていますが，実際には，当初は成功した店が複数店舗に展開し成功を収める中で，フランチャイズチェーン・システムによる店舗展開に切り替えたり，フランチャイズチェーン・システムを新形態として開始したりすることが多いようです。

図表3-13　フランチャイズチェーン本部の組織の例

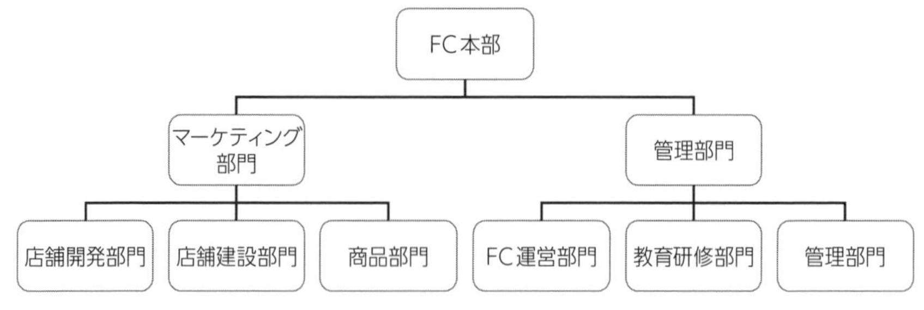

出典：筆者作成

図表3-14　エリアデベロップメント・システムとサブフランチャイズシステム

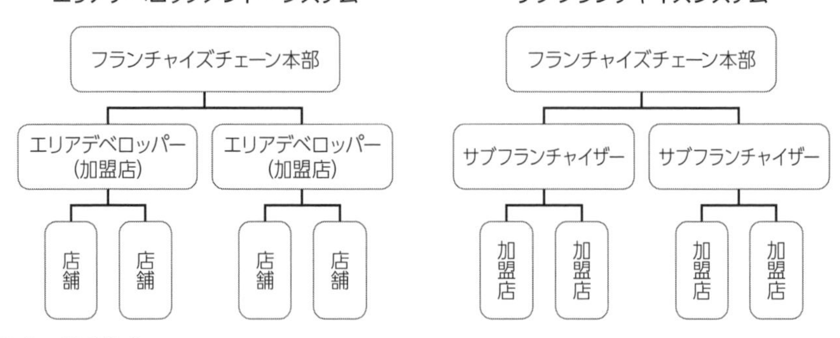

出典：筆者作成

6. フランチャイズ本部の体制

フランチャイズチェーン本部の一般的な組織体制の例を以下に示します。大きく分けて現場を見るマーケティグ部門と，フランチャイズチェーン全体のマネジメントを行う，管理部門に分かれます。

なお，フランチャイズチェーンには，加盟店にどのような多店舗化を許諾するかによって「エリアデベロップメント・システム」と「サブフランチャイズシステム」に分けられます。

当然ながら，サブフランチャイズのほうがフランチャイジーの規模が大きくなりやすく，フランチャイジーの裁量範囲も大きくなります。フランチャイザーとフランチャイジーのビジネス上の力関係とメリット・デメリットを見極めて，慎重に契約条件を決定する必要があります。

図表3-15　エリアデベロップメント・システムとサブフランチャイズシステムの違い

	エリアデベロップメント・システム	サブフランチャイズシステム
メリット	本部方針が徹底しやすい	出店速度が速まる
デメリット	エリアデベロッパの資金力に出店速度が依存	本部方針が徹底しにくい

出典：筆者作成

7. フランチャイズチェーン・ビジネスの事業計画

フランチャイズチェーン事業のビジネス展開のスピードは，事業内容や本部の経営方針によって，それぞれです。一気に市場シェアを抑えるために加速して出店する場合もありますし，じっくりとマイペースに加盟店を増や場合もあります。加盟店を増やす場合も，全く新規のオーナーを募集する方法や，直営店で店長として修行を積んだ社員に社員独立制度を活用しオーナーになってもらう方法もあります。

フランチャイズチェーン事業を立ち上げるには，フランチャイズチェーン・システムを構築して，加盟店を募集し開店を支援するまでに，1年以上の期間がかかります。さらに加盟店の数と売上が十分に増加しロイヤルティ収入が安定して得られるようになり，本部にとってフランチャイズチェーン事業が黒字化するには，さらに時間が必要です。

フランチャイズチェーン事業をスタートするには，フランチャイズチェーンを事業化した場合の収益性やリスクなどについても十分に検討をして，事業計画を策定することが必要です。以下はフランチャイズチェーン事業の収益性のイメージです。

例えば，加盟金150万円，ロイヤルティが4%のフランチャイズチェーン・パッケージにおいて，加盟店開発のために，月に広告費100万円，営業費用50万円でトータル150万円がかかり，店舗開発の支援に1件あたり100万円かかるとすると，毎月1店舗つづ開店するとして，単月で黒字となるのが11ヶ

図表3-16　フランチャイズチェーン事業の投資回収のイメージ

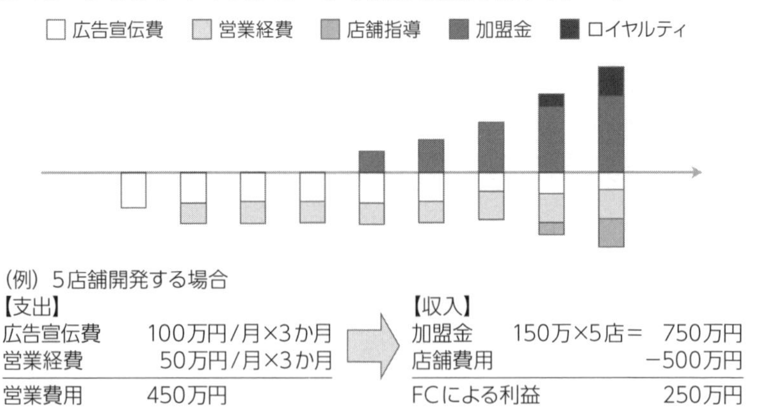

出典：筆者作成

月目で，投資回収が終わり累積のキャッシュフローがプラスになるのに21ヶ月かかることになります。

このように，フランチャイズチェーン本部側においても，相応の先行投資と運転資金が必要になるため，注意が必要です。

なお，フランチャイズ発祥の地，米国などでは，フランチャイジーが，立ち上げたフランチャイズの権利を他のフランチャイジー売却することができるのが一般的です（事業譲渡）。そのため，フランチャイジーの立ち上げを得意とし，立ち上げた黒字店舗を高く売却することで稼ぐフランチャイジーもいます。

【参考文献】

大野勝彦（2009）『フランチャイズ本部の立ち上げ方』ぱる出版
経済産業省（2008）「フランチャイズ・チェーン事業経営実態調査報告書」
内川昭比古（2005）『フランチャイズ・ビジネスの実際』日本経済新聞出版社
民谷昌弘（2013）『ザ・フランチャイズ』ダイヤモンド社

図表3-17　フランチャイズチェーン事業の収支計算（例）

	1か月目	2か月目	3か月目	4か月目	5か月目	6か月目	7か月目	8か月目	9か月目
加盟店数	0	0	0	1	2	3	4	5	6
加盟店売上	0	0	0	0	300	600	900	1200	1500
加盟料	0	0	0	150	150	150	150	150	150
ロイヤリティ等	0	0	0	0	15	30	45	60	75
収入計	0	0	0	150	165	180	195	210	225
広告宣伝費	100	100	100	100	100	100	100	100	100
営業費用	50	50	50	50	50	50	50	50	50
店舗開発費	0	0	0	100	100	ユ00	100	100	100
支出計	150	150	150	250	250	250	250	250	250
収支	-150	-150	-150	-100	-85	-70	-55	-40	-25
収支累積	-150	-300	-450	-550	-635	-705	-760	-800	-825

	10か月目	11か月目	12か月目	18か月目	19か月目	20か月目	21か月目	22か月目	23か月目
加盟店数	7	8	9	15	10	17	18	19	20
加盟店売上	1800	2100	2400	4200	4500	4800	5100	5400	5700
加盟料	150	150	150	150	150	150	150	150	150
ロイヤリティ等	90	105	120	210	225	240	255	270	285
収入計	240	255	270	360	375	390	405	420	435
広告宣伝費	100	100	100	100	100	100	100	100	100
営業費用	50	50	50	50	50	50	50	50	50
店舗開発費	100	100	100	100	100	100	100	100	100
支出計	250	250	250	250	250	250	250	250	250
収支	-10	5	20	110	125	140	155	170	185
収支累積	-835	-830	-810	-375	-250	-110	45	215	400

出典：筆者作成

第4章
スーパーバイザーシステムの設計

1. スーパーバイザーシステムを設計するにあたって

(1) コンサルティングとスーパーバイザーの違い

「コンサルティング」とは，その分野の専門家が「相談に応じたり指導を行ったりすること」を意味する言葉です。一方，「スーパーバイジング」とは，フランチャイズの加盟店が本部の方針・指導・マニュアル通りに営業を行っているかをチェックし，指導・監査することです。「スーパーバイジング」を行う人を「スーパーバイザー」と呼びます。

フランチャイズの加盟店が営業していて課題が発生した時に，コンサルティングとスーパーバイザーでは課題解決の方法が違います。「コンサルティング」では5人いたら各人が自由な発想で，課題解決しようとします。しかし「スーパーバイザー」では5人いたら5人ともフランチャイズシステム固有のメソッドを使って課題解決を行っていきます。

このフランチャイズシステム固有のメソッドは，フランチャイズビジネスの根幹を担う部分で本部が管理します。フランチャイズビジネスの標準化，スピード展開化を図るうえでもスーパーバイザーシステムと相まって重要な要素です。

2. スーパーバイザーとは

(1) スーパーバイザーの使命

フランチャイズのスーパーバイザーとは，加盟店が本部の経営理念や基本方針に従って，一定レベルの店舗運営を実現しつつ，加盟店の店舗，経営状態を把握し，外部環境の変化，競合店との競合関係を定期的かつ継続的に評価・分

図表4-1　スーパーバイザーと本部，加盟店の関係

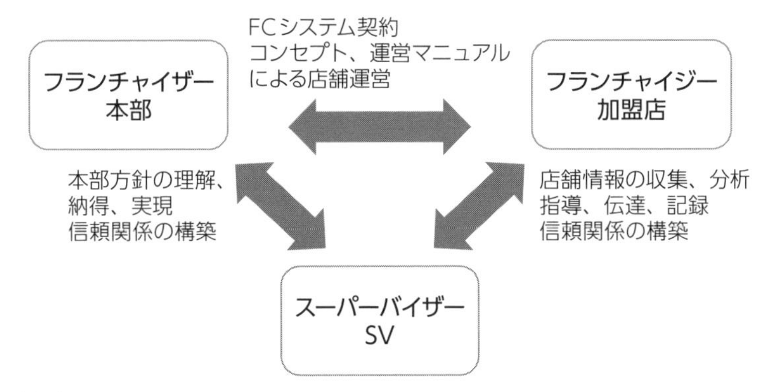

出典：筆者作成

析し，適切な指導・助言を行い，フランチャイズの売上・規模の増大により，加盟店と本部双方の繁栄発展をめざすものです。

早い段階でスーパーバイザーシステムを構築して機能させることにより，フランチャイズビジネスの戦略での急速成長の一助として競争優位の確立につながります。

スーパーバイザーは基本的に加盟店指導を行うフランチャイズ本部の所属です。本部の意向で行き過ぎた例も発生しています。本部従業員であるスーパーバイザーが見切り販売の制限や仕入れ数量の強制で，契約更新を関係づけた言い方を何度も繰り返したり，加盟店の同意なく無断発注して社会問題になりました。

あるべき姿のスーパーバイザーは本部と加盟店のフランチャイズシステム契約に基づいた重要なパイプ役です。本部が持つ「経営理念」，「ビジョン」，「経営戦略」，「マーケティング戦略」が正しく理解され，店舗運営が実践されているかをチェックし，継続的に指導・支援していく役割を担っています。

(2) スーパーバイザーの目的

スーパーバイザーの目的は，加盟店がフランチャイズシステムに基づく運営を行っているか継続的にチェックし，発生したズレを修正するように指導することです。フランチャイジー（加盟店）はフランチャイズ契約書で本部と，

「展開するフランチャイズのコンセプト，運営マニュアルに基づいて店舗運営を実施すること」を約束しています。スーパーバイザーが店舗を訪問し店舗運営の状態がフランチャイズの要求する基準を満たしているかのチェックを行います。

① 具体的なチェックの手順

- 店舗の状態がフランチャイズの要求する基準を満たしているかチェックします。
- フランチャイズシステムの要求する基準とのズレを具体的事実として明確にします。
- フランチャイズの要求する基準とのズレを修正し，基準に合わせるように指導します。
- 指導の内容，結果を記録に残します。

どの店舗に行っても同じサービス，商品が提供されることが究極の目的です。お客様はお店を選ぶ際，以前に利用した際のイメージを期待します。お客様の立場に立って定期的かつ継続的に，同じ視点で具体的事実に基づいて記録に残すことが必要です。同じ視点とは，スーパーバイザー，店長，オーナー，従業員など誰が見ても同じ，という意味です。具体的事実とは，あいまいな表現ではなく，チェック基準を具体的に設定し明確にします。

② チェックする項目

- **クリンリネスの質**：クリンリネスとは，出入口，駐車場などを含め店舗全体の清掃が行き届いており，チリ一つ無い清潔な状態を維持することです。それにはユニフォームや従業員の清潔感も含みます。

  販売する商品（メニュー）・サービスの質が高かったとしても，クリンリネスの質が低すぎると台無しです。
- **販売する商品（メニュー）・サービスの質**：販売する商品（メニュー）・サービスの質が一定の水準で提供されないとフランチャイズの存在価値はありません。様々な角度から細目にわたってチェックします。

- **接客の質**：接客をおろそかにすれば，客足が遠のき店の命取りになります。お客様のリピートにつながる接客をめざします。
- **店舗施設の管理状態**：店舗施設，設備，備品で不必要なものはありません。普段から手入れをして最高の状態で使えるようにします。施設や設備の管理状態が悪いと，必ず傷み長持ちしなくなり，修繕費がかさみます。

(3) スーパーバイザーの役割

スーパーバイザーは，店舗訪問指導を含めどのような役割を求められているのでしょうか。

下記4点があげられます。

① 本部方針やフランチャイズシステムの理解

所属しているフランチャイズ本部方針の理解と加盟店が契約したフランチャイズシステムの理解をすることがスーパーバイザーの基本です。スーパーバイザーが本部方針やフランチャイズシステムのすべてを把握しないと，加盟店指導やブランドイメージの維持等重要な任務を遂行することができません。

② 本部方針やフランチャイズシステムの納得

前項で理解したフランチャイズ本部方針とフランチャイズシステムをスーパーバイザー自身で納得し，受け入れることが必要になります。

③ 本部方針の実現

本部方針やフランチャイズシステムの要求基準運営を把握し実現させます。

④ 本部との信頼関係の構築

スーパーバイザー業務を遂行する上でフランチャイズ本部内外との信頼関係を構築することが重要になります。スーパーバイザーが加盟店を訪問するのは，「人間」でなければできないことです。フランチャイズシステムの維持発展には，人的交流でしか実現できない信頼関係の構築が重要です。

(4) スーパーバイザーの機能

一般的にスーパーバイザーの役割を効果的に行うための6つの機能があるといわれています。

① コントロール（統制機能）

展開するフランチャイズのコンセプト，運営マニュアルに基づいて店舗運営が実施されているか統制をとります。

② コミュニケーション（情報伝達機能）

本部と加盟店の情報，意見の交流を通じて，加盟店との信頼関係を構築します。

③ コンサルテーション（経営診断機能）

加盟店の業績向上の効果的施策の提示をします。

④ カウンセリング（コンサルテーションの潤滑油）

コンサルテーションを実施しやすくするために関係円滑化を図ります。

⑤ プロモーション（販売促進機能）

加盟店全体，個店の販売促進のサポートをします。

⑥ コーディネーション（本部各部署との調整機能）

本部各部署との密接な連携をして，加盟店支援を行います。

(5) スーパーバイザーに求められる資質

① コミュニケーション能力

本部と加盟店の意思疎通が円滑でないと，フランチャイズシステムの維持・発展が望めません。年齢差や，社会経験の差がある加盟店オーナーと良好な関係を保てるよう信頼関係構築が求められます。時には加盟店オーナー・店長の立場や気持ちになって接することも必要です。

② フランチャイズシステム，運営マニュアルの理解力

自分自身が「ぶれない」判断基準となるまでフランチャイズシステム，運営マニュアルのすべてを熟知理解することが必要です。

③ 店舗運営の検査・指導の厳格な実行力

フランチャイズシステムの維持を目的とするスーパーバイザーは，店舗運営に必要な運営マニュアルを理解し，継続的に常に一定レベルで厳格に実行できることが求められています。スーパーバイザーに求められる「創造性」，「独創性」は全く必要ありません。

④ 運営マニュアルの変更に追随できる柔軟性

その他必要なスキルとしては環境変化に対応するために継続的に変更される運営マニュアルの変更に追随できる柔軟性が求められます。

⑤ 変則的な勤務時間に対応できる体力

フランチャイズ加盟店の営業時間によっては，早朝，深夜など変則的とみられる勤務時間形態もあり，それらに対応できる体力が求められます。

⑥ 責任感，使命感

自分の仕事によってチェーンの質が決まるという責任感と使命感を持つことが必要です。

(6) スーパーバイザーに必要なスキル

① フランチャイズシステムの習得

加盟店経営者が，加盟店研修で習得するフランチャイズシステム運営マニュアルを基にした店舗運営に必要な知識や一般スタッフの店舗運営業務の知識の習得，確実な店舗作業，発注，検収，クリンリネスなど各マニュアルによる運営業務，クリンリネスの技法，店長業務，ロスのチェック，売上実績に対する変動要因の理解，接客技術等があります。

② 店長業務の習得

パート・アルバイトの採用と管理技術，レイバースケジューリング（稼働計画）の技術，計数管理，発注仮説の構築と検証方法，コストコントロールの技術，ロスの把握と原因の追究，対策の習得です。

③ オープン業務の習得

新規オープンまでの作業手順，パート・アルバイトの面接方法と採用基準，パート・アルバイトの就業研修の方法，技術，開店時に特有な業務（各業者との発注業務，オープン販促に伴う金券の取り扱い，返品処理等）があります。

④ 店舗運営で発生する数値管理

計数管理，利益管理，コスト管理など，店舗運営で発生する数値管理は重要です。

日々変化する売上高，客数，客単価，買上点数などの営業数値は，店舗の変化に気づかず手遅れにならないよう定期的にチェックし，迅速な対応をとれるよう心掛けます。店舗運営で実施していることを数値にしてチェックを行うためのものです。営業数値では，過去実績比較や他店舗比較も有効です。

3. スーパーバイザー業務

(1) 計数管理

店舗運営に必要な基礎的な数値管理，管理指標数値の計算方法と意味を正確に理解し，加盟店に説明します。利益と経費について「固定費商売」と言われる「飲食業」や「小売業」は，仕入原価，人件費以外に大きく削減できる経費はありません。利益は細かな経費から生まれることを肝に命じ，各項目の標準値を目標に管理します。項目によっては数値が低すぎるとお客様への接客サービスが低下するおそれがあるので注意が必要です。

図表4-2　標準的な数値の把握―実績からの分析（【例】飲食業）

	項目名	(標準値)	数値達成要因
①	売上高	(100%)	販売代金，サービス代金の総額です。
②	仕入原価	(30%)	ロス管理，仕入れ管理を行い30%以下に抑えます。使用食材をレシピ以下にする疑いがあるので必ずチェックします。決められた量より少ない分量で出し，料理の見栄えや味にバラつきが発生します。お客さまから来るたびに違うという不満が出る恐れがあります。販売代金，サービス代金の総額と仕入原価の総額からもチェックします。
③	人件費	(28%)	数値が低すぎると接客サービス低下の原因になります。
④	水道光熱費	(3.5%～4%)	FL比率の次に管理が必要，異常値の発見と原因追及と対応をします。
⑤	販促	(2%～3%)	クーポン，商品サービス等値引きのすべてをも含みます。
⑥	消耗品費	(0.5%)	各種備品費は大切に使う心構えが必要です。
⑦	賃料	(7.0%～)	家賃，管理費，駐車場代も含みます。
⑧	雑費・その他	(5.0%～)	異常値の発見と原因追及と対応が求められます。
⑨	営業利益	(20.0%)	目標を下回る際には原因把握と対策が必要です。

出所：筆者作成

(2) 利益管理

① 原価率のコントロール（【例】飲食業）

原価率のコントロールの棚卸しチェックは実地棚卸しで，以下の点をチェックします。

1) 実地棚卸が適正に行われているか。
2) 表の記載ミスはないか。
3) 標準原価率のチェック。
4) 販売数の多いメニューの標準原価（レシピ）に誤差がないか。
5) 主要食材の歩留まり表の記載ミスはないか。
6) 仕込みが多いメニューについて，レシピ通りの歩留まりとなっているか。

② 人件費のコントロール

総労働時間数のチェックと売上に応じたパート，アルバイト労働時間管理を行います。各店で設定した標準人事売上高や人事生産性から，適正なパート，アルバイト人員が確保されているかチェックします。売上予算から曜日変化，季節変化，プロモーション変化を勘案したうえで，日次予算に落とし込みます。売上予算から投入可能な人権費を設定し，その枠内でシフトを組みます。

③ 水道・光熱費のコントロール

水道光熱費に異常値を発見した場合には，前年度，前月数値確認，各事業者，従業員への確認を行います。

④ その他経費の管理

食器等・什器備品等で食器の破損は高額な経費となります。予め年間予算として食器等・什器備品購入費として管理します。クリーニング費，洗剤費等，これらは売上に合わせて変動するため，月間では意外に大きな金額となるために注意が必要です。店舗が老朽化すると設備の故障も起こります。また，椅子など老朽化によって交換が必要な什器もあります。これらは予め年間予算で修繕費として管理します。

(3) 利益管理部門別効率指標のチェック

効率指標を算出し，他店と比較することによって，各店舗の運営効率をチェックします。標準値と比較して異常値が出た場合は，その原因を追究し，本部のスーパーバイザー会議等で対策を検討しなければなりません（以下数値が記載されていますが，業種・業態によって変わります）。

① 売上管理

- **坪当たり売上高**：売上高÷売場面積

  坪当たり売上高を他店と比較して効率的な店舗運営を図ります。

- **回転率**：客数÷席数=1.2回転以上

  適正な運営がなされているか。高すぎると店舗の荒れに繋がります。

図表4-3　計数情報の着眼点と改善策（【例】飲食業）

	売上	粗利	人事売上高	想定される問題点	改善案	注意点
A	○	○	○	①前年比は伸びているか	競合店と比較して改善点を探る	現在の売上が上限の数字であるのか，曜日・時間帯ごとに仮説を立てて検証する
				②経費管理に問題はないか	経費の無駄をなくし，利益の改善を行う	
				③食材ロスは多くないか	メニュー構成を検討して利益率の向上を図る	
				④計画数値の達成度は？	ドリンクメニューの充実を図る	
B	○	○	×	①曜日別に偏りがある	来店客数に対する人時投入の整合性のチェック	テーブルセッティングの時間短縮オーダー受付時間の短縮 個々の従業員のオペレーションレベルは高いか
				②時間帯別に偏りがある	受注作業のOJTを行う	
				③下げ，テーブルセッティングに問題がある	料理の提供時間，ウェイティングの改善	
					テーブルセッティングの時間を短縮する	
C	○	×	×	①高利益商品の構成比が高い	メニュー構成の見直し	季節メニューの導入計画と同時に発注改善の取り組みが必要 キッチンの鮮度管理，衛生管理に注意を払う
				②食材ロスが多い	来店客数を予測し，食材発注のロスを削減する	
				③不良在庫がある	従業員の不正はないか，オペレーションの不正はないかをチェック	
				④メニュー構成に問題がある		
				⑤ドリンクメニューに偏りがある	不良在庫を廃棄する	
D	×	○	○	①全体的に注文点数，一品単価が落ちている	売れ筋メニューの欠品を起こさない	食器の欠け，グラスのクリンリネス，メニュー提供までのリードタイムなどの基本的事項をチェック 接客レベルの低下は気づきにくいことに注意
				②客数が減少している	クリンリネス，フレンドリーな接客とピーク時の対応など，接客レベル向上を図り，店舗イメージの改善を図る	
				③クリンリネス，フレンドリーな接客，メニュー	レシピ通りの料理提供ができているかチェック	
				④競合店の出店	競合店調査を行う	
E	×	○	×	①不良在庫がある，食材は適切か	サービスレベルの見直し	時間帯によって，オーナーとスタッフのコミュニケーションに濃淡ができていないか オーナー，店長の考え方がスタッフに浸透しているか
				②売れ筋メニューに欠品は起きてないか	メニューの入れ替え	
				③クリンリネス，フレンドリーな接客，メニューの演出ができているか	クリンリネス，接客レベルの向上，メニューブックの刷新など，店舗イメージの改善を図る	
				④レシピ通りのメニュー提供ができているか	店舗運営の基本ルールを徹底する	
				⑤人事管理に問題がないか	ミーティングを行いコミュニケーションを図る	

F	×	×	○	①売れ筋メニューに欠品はおきていないか	来店客数，メニューごとの出数データを検討し食材発注を改善する	時間帯ごとの来店客数を把握し，人員配置を適正化する 商品ごとの価格弾力特性を考え，価格政策をたてる
				②食材発注に問題があり，欠品と同時に廃棄ロスが発生している	従業員のモラールを高める取り組み	
				③店全体に寂れた感じが漂い，活気がない	短期的に目標設定	
				④競合店と，価格，サービス等で格差がないか	競合店調査を実施する	
G	×	×	×	①お客様中心の考え方ができているか	基本的なところからお店の立て直しを行う	店舗運営レベルの高低は相対的なものであることを理解し，常に競合店と比較外部環境の変化を見落とさない。情報収集は大切。
				②オーナー（店長）の考え方が浸透しているか	商圏調査，競合店調査を行いお店の方向性を確立する	
				③基本的な店舗運営ができているか	人的サービスのレベルを高める店内コミュニケーション確立，まず元気なあいさつから	
				④競合店の出店，交通事情の変化等外部環境の変化はないか		

出典：筆者作成

② 人件費管理

- **労働分配率**：粗利益÷総人件費=50％以下

稼いだ利益に対して人件費がどのくらいかかっているかをみます。

- **人事売上高**：売上高÷シフト総時間=3,500円以上
- **人事接客数**：来店客数÷シフト総時間=8人以上

デイリーの人件費の評価基準。日によってバラツキがないか。数値が高すぎると店舗の接客サービス等の低下に繋がります。

③ 損益分岐点売上高

- **固定費÷(1−変動費率)**：営業活動をしていて利益も損失も発生しない売上高で，同じであれば収支トントンの売上高です。図表4-3で標準的な問題点と改善案を提示しています。

(4) 加盟店指導

① 加盟店指導

加盟店指導にも段階があります。大きく分けてフランチャイズシステム契約

し新店舗をオープンするまで，オープン後すぐ，オープン後3ヶ月後ぐらいからの定期巡回では指導内容が異なります。2店舗目以降の加盟店指導も含め，フランチャイズシステム契約時にスーパーバイザーの加盟店指導内容と訪問頻度等を決めるのが一般的です。

例としてフランチャイズシステム契約をする際に，スーパーバイザーが加盟店指導をする事を想定した場合，注意点として下記があげられます。

1）加盟店の営業時間に訪問する。
2）原則として訪問日を決めておく（第○週の○曜日や年間で日程を設定します）。
3）オーナーと店長が別の場合は，必ず訪問前に両方とアポをとります。

② 訪問前の業務

WEBシステム等から加盟店実績の収集を行い，契約時に決めた加盟店指導内容を管理する項目について，標準的な数値との乖離を把握し問題点の抽出を行います。訪問時資料として持参して，店長・オーナーと対策を検討する為の資料を作成します。店舗実績推移表から下記の主要数値を事前に分析しておきます。1年以上経過した店舗では，昨年対比もチェックしておきます。

- **店舗売上高**：目標達成度を確認します。売上，客数，客単価の昨年度対比をします。
- **粗利益（原価率）**：ロス管理，仕入れ管理を行い30％以下に抑える。使用食材をレシピ以下にします。
- **人件費売上予測に適正なワークスケジュールの作成**：数値が低すぎるとサービスが荒れる原因になります。
- **来店客数**：売上高が下がっていなくても，客数が減少の場合は要注意です。原因を追究して，対策が必要になります。

店舗経営状態のチェックとして，コスト数値，人事生産性指標，来店客数，客単価，利益率プロモーション提案については，事前に本部担当者と打ち合わ

図表4-4　経営課題の内容（【例】飲食業）

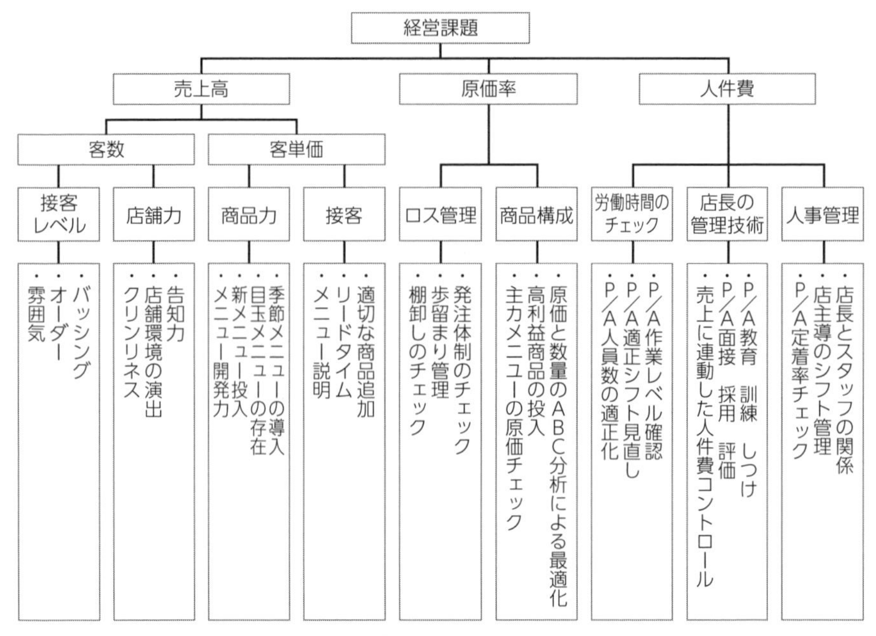

出典：フランチャイズ研究会（2016）『フランチャイズマニュアル作成ガイド』同友館を基に項目筆者加筆

せをし，店舗ごとに提案内容を決めておきます。

③ 訪問時の業務

店舗運営マニュアルを基に作成した店舗チェックリストに記入し，クリンリネス，接客，衛生管理など問題点はそのつど改善指導します。訪問前の事前チェックした数値について，目標指数を下回る数値や前月と比較して差異が大きな項目は，経営者・店長にヒヤリングを行います。チェック項目ごとに，経営者・店長に説明し，準備した問題点と合わせ期限を決めた具体的な改善策の指導を行います。訪問時の，指導内容，結果を記録に残し，本部への報告やスーパーバイザー会議時に閲覧できる基礎資料とします。

店長やオーナーの経営意識チェックも大切です。店長・オーナーに課題を提示，モラルアップを図ります。本部に対するクレーム，不満などの聞き取りを行い問題解決のための情報収集をします。従業員とも簡単な会話を交わすことで，モラルチェックをはじめとして店舗の問題点を抽出します。

フランチャイズではブランドイメージが売りになっているため，悪い情報をいち早く共有し，不祥事の事前防止と不祥事発生の際の迅速な対応と改善が求められます。それには普段から各店施策の成功例や失敗例等の情報の蓄積と共有をし，スーパーバイザーを介して対応と改善策を打てる体制にすることが求められています。

(5) スーパーバイザー会議

① スーパーバイザー会議の開催

各スーパーバイザーが担当店舗について，前述のような情報分析と課題の抽出を行った上で，スーパーバイザー会議を開催します。スーパーバイザー会議は，本部として加盟店に出す指示内容を決定する大事な会議です。スーパーバイザーはもちろん，商品，開発部，直営店運営管理者等，店舗運営にかかわる部署の幹部は出席し，フランチャイズシステムの改善を図ります。

② 販促プランの決定

スーパーバイザー会議によって，販促が必要とされた店舗については，具体的な販促プランの提案を行います。販促を実施する前には，該当店舗の状況を把握しておく必要があります。店の状況が悪い状態（接客態度が良くない），クリンリネスの状況が良くない，提供するサービスがよくない，飲食店だと料理がおいしくない状態で販促を行っても，悪い評判が「口コミ」となって逆効果となるからです。店の状態が保たれている状況で，客数アップを図らなくてはいけないときは，以下のような販促策を本部から提案します。新規顧客の獲得，ポスティング，チラシ配布。自分たちの手で店頭，駅前で配布します。

置きチラシはターゲットが同じで競合しない近隣店舗などに，チラシの設置をお願いしてみます。

(6) スーパーバイザーのコミュニケーション

① オーナーの心理状態によるサポートテクニックの使い分け

効果的なスーパーバイジングをするために，スーパーバイザーの主な仕事は，指導・確認・情報提供などですが，指導という業務についてオーナーに対していつも有効とはかぎりません。イベントの実施を迷っているオーナーに「やらなければダメです」と言ってしまうと，押し付けや強制に聞こえてしまいます。イベントを実施しても，やらされ感がぬぐえず効果が薄くなってしまいます。

また，他に悩んでいることがあるときは，イベントに関する話を聞いている余裕がないということもあります。「なぜイベントをやるのか」「イベントをやると店にどんなメリットがあるのか」ということを相手に考えさせ，気づかせることにより自発的に取り組んでもらいます。イベントを通じて業績が上がれば，信頼関係がアップし，今後のスーパーバイザー指導がしやすくなります。また，悩みを一通り話してもらうことによって，スーパーバイザーの話を聞ける状態になります。

スーパーバイザーの役割として一方的な指導だけではなく，オーナーに考えさせることや，オーナーに気持ちの余裕を与えることにより，結果的に加盟店の繁栄をサポートすることになります。人は環境に左右されやすいものです。よりよい環境を作るのもスーパーバイザーの役割です。このことを理解した上で，オーナーをどのようにサポートするか考えなければなりません。人間は心理状態によって受け止め方が異なります。

人間の行動や振る舞いは，心理状態によってかなり左右されます。心理状態が良いときは，人の話を聴く余裕もあるし，前向きに考えることもできます。しかし，誰でもいつも良い状態にあるとは限りません。家族の悩み，経営上の問題などで，良い状態でないときもあります。スーパーバイザーが加盟店オーナーに接する際には，相手の心理状態を把握し，心理的サポートテクニックを使い分けることによって，効果的に支援を行うことができます。

② 人間の心理状態

- **行動状態**：成果を上げるための行動をすぐに起こせる状態。

- **可動状態**：成果を上げたいが，「そのための解決策が欲しい」というよりも，行動するきっかけがつかめない，あるいは障害要因が多い状態。
- **不安状態**：気力が低下している状態，いわゆる「落ち込んでいる状態」。

図表4-5　心理状態を把握するポイント

心理状態	よく出てくる言葉	見た目の様子
行動状態	●具体的な解決策を求める ●それをやることの効果やメリットを知りたがる ●「早くしてくれ」という ●こちらの提案やアドバイスに対して、肯定、否定がはっきりしている	●意欲的で目が輝いている ●迫力がある ●身をの乗り出して話す
可動状態	●「それはそうなんだけど…」と言う ●言い訳が多い ●「わかってますよ」と言う ●Yes/Noをはっきり言わない ●「うーん」と言う	●腕組みをする ●うごきが遅い ●後にそりがちに話を聞く ●しゃべり方が遅い
不安状態	●「参ったなあ」と言う ●ため息をつく ●声が小さい ●「それどころではないんですよ」と言う ●今話していることに関係ない話をしだす ●悲観的な話をする	●うつむきがち ●うわの空 ●表情が暗い ●顔やカラダのどこかを常にさわっている ●動きが少ない

出典：フランチャイズ研究会（2016）『フランチャイズマニュアル作成ガイド』同友館

③ 心理的サポートを機能させるための条件

お互いになんでも話せる，相手を信じることができる，自分の弱みを見せることができる，など信頼関係を作るためには，日ごろのコミュニケーションが重要です。その中でも相手の話を聴くことが重要です。実際におこりがちなのは，相手の話をほとんど聞いていない，相手の話の一部だけを聞いている，相手の話を自分に都合のいいように婉曲して聞いているなどです。信頼関係を築くためのコミュニケーションを取るためには，自分の「フィルター」を意識的に取り除く必要があります。自分のフィルターを取り除いた形でコミュニケーションを続けていけば，多くの場合，相手もフィルターを取り除くようになります。

④ コーチング

コーチングとは相手の持っている能力を最大限に引き出し，主体的な行動によって問題解決や能力の向上をもたらす効果的なコミュニケーション方法です。これをスーパーバイザーに置き換えるとオーナーのやる気を促し，自発的積極的に店舗経営が行えるようにサポートすることです。具体的には経営の方向性が見えない，うまく進まない，問題の整理や解決が進まないなどというような状況を解決するのがコーチングです。

コーチングが有効なオーナーとは向上意識はあるが，行動を起こさないでいる，明確な目標がない，仕事に対するモチベーションが低下している，行動が結果に結びつかない，従業員やパート・アルバイトとのコミニュケーションが良好ではない，もっと高い成果を上げたいと考えています。

店舗指導におけるコーチングの有効性は，コーチングを行うことにより，オーナーは問題を解決するプロセスを自分で考え，発見し，どのような行動をとるべきかを，自分で選択できるようになります。可動状態から行動状態へ移行することができます。すでに行動状態にあるオーナーに対してはより高い成果に結びつくことになります。結果的にスーパーバイザーがこと細かく指導しなくても，十分にやっていけるオーナーに育ちます。

コーチングの基本的な考え方として，人間は生来，仕事嫌いではなく自我欲求や自己実現が満足できれば献身的に目標達成に尽くすというマクレガーのＹ理論に基づいています。このＹ理論が成立するための環境を整えるコミュニケーションです。コーチと対象者は対等な関係です。相手に考えさせるコーチングでは原則的にすべてを相手に考えさせます。スーパーバイザーはその思考がスムーズに行われることをサポートします。

相手が自分で考えることにより気づきが生まれ，気づくことで記憶に残り，新たな発想や行動につながりやすくなります。コーチングでは答えはすべて自分の中にあるというスタンスであり，気づく事は答えを発見することです。ヘルプではなくサポートです。サポートとは相手が望む結果について得やすい環境を整えることであり，結果に対する責任は相手にあります。サポート側にも，効果的に実施できたかという責任があります。コーチングを繰り返すことで相手の主体的な行動につながります。

図表4-6　心理状態と指導方法

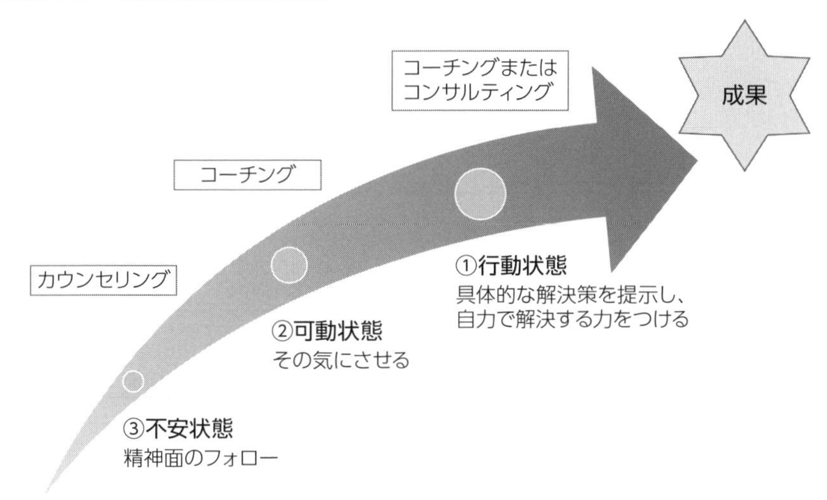

出典：筆者作成

コーチにもとめられる資質は，辛抱強い，客観的，サポートしてくれる，興味を持ってくれる，話を聞いてくれる，敏感，意識が鋭い，自己洞察，注意深い，物覚えがいい，などです。

⑤ カウンセリング

カウンセリングとは精神的に不安定な状態を，傾聴やなぐさめなどによって安定化させることです。スーパーバイザーに求められるカウンセリングは，オーナーの落ち込んでいる気持ちを，悪化するのを防いであげることです。決して治療をすることが目的ではありません。

カウンセリングが必要なオーナーとは，なかなかやる気が起きない状態です。

基本的なカウンセリングのテクニックとは，オーナーの話をひたすら聞く，オーナーに好きなだけ話をしてもらう，スーパーバイザー側の感想や意見は向こうから求められたときだけ言う，オーナーの気持ちを理解する，下手な慰めはしない，聴いてあげる方が効果が高い，などです。

(6) スーパーバイザーが使う3つのサポートテクニック

- **行動状態**：コンサルティングまたはコーチング…具体的な解決策を提示し，自力で解決する力をつける。
- **可動状態**：コーチング…その気にさせる。
- **不安状態**：カウンセリング…安心させる。

【参考文献】

フランチャイズ協会（2013）『フランチャイズ本部構築ガイドブック：決定版！これ1冊で多店舗化戦略がわかる！』同友館
フランチャイズ研究会（2016）『フランチャイズマニュアル作成ガイド』同友館

第5章 フランチャイズ契約書の理解

1. フランチャイズ契約についての基礎知識

(1) フランチャイズ契約の重要性

第1章で説明したように，我が国には「フランチャイズ法」という名前の法律はありません。これは，フランチャイズ制度にフォーカスしたルールがないということです。そのためフランチャイザーとフランチャイジーとの間で，フランチャイズ契約書によってしっかりとルールを決めておく必要があります。

なお「フランチャイズ法」という法律はないものの，第2章で説明したように，独占禁止法がフランチャイズにどのように適用されるかについてのガイドライン（フランチャイズガイドライン）があり，既存の法律がフランチャイズにどのように適用されるかという形でのルールは存在します。そのため，フランチャイズ契約の内容もそれらのルールに適合しなければならないという点には注意が必要です。

「フランチャイズとは何か」については様々な定義づけがなされていますが，第3章で説明したようにロイヤルティで利益を上げる典型的なフランチャイズのほかにも，学習塾で共通のテキストを本部から販売することで利益を上げるモデルなど，フランチャイズシステムごとに利益を上げる仕組みが異なります。そのため，フランチャイズ契約書においては，個々のフランチャイズシステムに応じたルールを規定することが重要になります。

(2) フランチャイズ契約についての考え方

フランチャイズ契約については，通常はフランチャイザーが作成した契約書を加盟希望者に提示し，その内容を検討して合意するという流れになります。

一般論としては，加盟希望者がフランチャイザーに対して「フランチャイズチェーンに加盟したい」と希望することが多いため，契約交渉の場面ではフランチャイザーの方が強くなりがちです。「提示した通りの契約内容で契約するかどうかを検討してほしい。内容の変更には応じない。嫌ならばフランチャイズ契約をしなくてもかまわない」というケースも多くあります。しかし，このような態度は適切といえるでしょうか。

フランチャイズについては，事業のパッケージを販売するという特徴から，契約はある程度定型的になります。しかし，我が国においてはすべてのフランチャイズ契約を同一の内容にしなければならないというルールはありませんし，個別の事情に応じて柔軟に内容を変えたほうがフランチャイズの適切な運営につながります。

フランチャイズの起源と言われるアメリカにおいては，フランチャイズ契約は結婚に例えられることがあります。これは，「結婚相手を選ぶくらい，互いに十分に契約内容や相手を吟味し，納得したうえで契約をしましょう」という趣旨で例えられることが多いのですが，もう一つ重要な意味も含んでいると考えられます。それは，「幸せな結婚生活が末永く続くよう，お互いに思いやりをもって，パートナーに接しましょう」という意味です。第1章で説明したフランチャイザーの成功はフランチャイジーの成功によって実現されるという考え方からも，このようにいえるでしょう。

極端な話をしてしまえば，フランチャイザーが交渉上優位な立場を振りかざし，自らに有利な契約を締結することも可能です。しかし，それではフランチャイジーが離れていってしまい，長い目で見ればマイナスになります。これからのフランチャイズ制度については，どちらかの犠牲により成り立つものではなく，フランチャイザーとフランチャイジーが相互に発展していくような制度とすべきです。そのため，フランチャイズ契約もフランチャイジーに十分に配慮した契約内容とすべきです。

また，フランチャイジーが複数のフランチャイズの中からのフランチャイズに加盟するかを検討する場合，当然契約内容を比較することになりますので，フランチャイズ契約書には営業ツールという側面もあります。このような観点からもフランチャイザーが一方的に有利な内容の契約にしてしまうと，他社との競争に負けてしまいますので注意が必要です。

(3) フランチャイズにおける4つの権利

フランチャイズにおけるフランチャイジーの権利は，4つに整理できます。具体的には，①出店権，②運営権，③サブ・ライセンス権，④ライセンス販売権になります。

①出店権は出店をする権利で，②運営権は店舗を運営する権利です。一般的なフランチャイズのケースでは，商標の使用許諾を受けて店舗を運営するという形態になりますので，①②はともに認めるということになります。ただ，①と②の2つに分けることも可能であり，例えば，加盟店開発が得意なのでそこまではやるが，店舗の運営は別の会社に業務委託するなどといった形で①と②を分けることに実益があるケースもあります。

③サブ・ライセンス権は，フランチャイジー自らがフランチャイザーとなり，末端のフランチャイジーを募集し，フランチャイズチェーンに加盟させることができる権利です。通常のフランチャイザー，フランチャイジーの2段階の関係が，マスターフランチャイザー（本部），サブ・フランチャイザー（マスターフランチャイザーとの関係ではフランチャイジー），末端のフランチャイジーの3段階となります。なお，この権利を特定のエリア内に限定して認めることを一般にエリア・フランチャイズといいます（4.節で後述）。

④ライセンス販売権については，ライセンスを販売することで，商標の使用は認めるものの，③サブ・ライセンス権と異なり，経営指導はせず，経営指導への対価の支払も受けないというものです。経営指導がなされないため，ライセンスを購入した者は自らの努力により店舗を経営していくこととなります。③サブ・ライセンス権と同様に，フランチャイジーの判断でフランチャイザーと同じ商標を使用する店舗を増やすことができるようになります。

③④ともに非常に重要な権利ですので，一般的には，よほど信頼できる相手でない限りは認めるべきではないといえます。上記4つの権利が存在することを意識して，フランチャイズ契約書でどこまでの権利をフランチャイジーに認めるかを明示することが重要です。

(4) 商標登録の重要性

フランチャイズは特定の商標などを使用することで，その商標が有するブラ

図表5-1　フランチャイズにおけるフランチャイジーの4つの権利

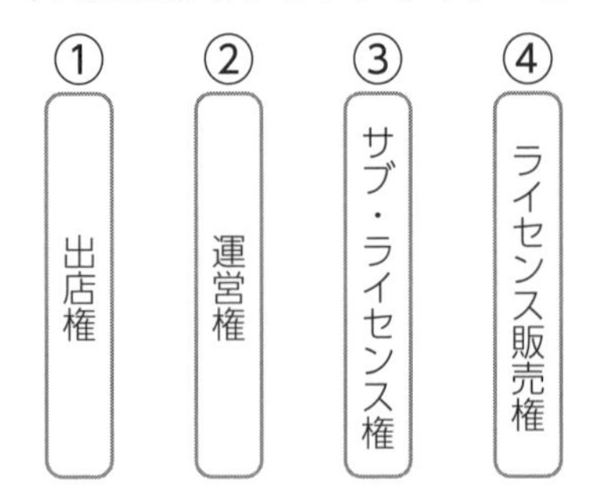

出典：筆者作成

ンドイメージを利用するものです。そのため商標は非常に重要です。商標の定義は，商標法第2条第1項で「人の知覚によって認識することができるもののうち，文字，図形，記号，立体的形状若しくは色彩又はこれらの結合，音その他政令で定めるもの」とされています。わかりづらいと思いますが，店舗のロゴなどをイメージしてください。

商標登録をすることで登録された商標（登録商標）を排他的，独占的に使用する権利が得られ，第三者による無断使用については，差止めや損害賠償請求が可能になります。登録されていない商標でも，保護される可能性がないわけではありませんが，十分な保護が受けられないことがほとんどです。そのため，弁理士などの専門家に相談して早期に商標登録をしておくことが重要です。類似の商標を使用された場合については，不正競争防止法による保護（使用の差止め等）が受けられる場合もあります。

(5) フランチャイズ契約締結時の注意

フランチャイズ契約の締結にあたっては，中小小売商業振興法，前述の独占禁止法に関するガイドラインなどで，法律上，契約締結に際しての事前説明（法定開示書面による説明）が求められている事項のほか，法律上の説明が求められていなくても，説明しておいたほうが適切な事項もあります。

上記のように分けることはできますが，「説明をしすぎてマイナスになる」ということはありません。そのため法律上の説明義務があるかどうかを気にするよりは，開示自主基準を策定している一般社団法人日本フランチャイズチェーン協会のひな型（同協会ホームページに掲載：https://www.jfa-fc.or.jp/particle/41.html）に従って作成するのが無難です。

フランチャイザーが重要な事項について十分な開示を行わず，または虚偽若しくは誇大な開示を行うなどにより実際のフランチャイズシステムの内容よりも著しく優良又は有利であると誤認させ，競争者の顧客を自己と取引するように不当に誘引する場合は，独占禁止法違反となります（不公正な取引方法の一般指定の第8項（ぎまん的顧客誘引）に該当)。

また，加盟店を増加させることは重要ですが，そのために実現不可能な利益計画を示すなどしてしまうと，後で紛争となり，かえって大きな問題が生じます。「うそを言わない」ということが非常に重要になりますので，誠実に現実的な内容の利益計画を説明することが重要です。

トラブルになるケースの多くはフランチャイジーが「そういった説明は受けていない」と説明が不十分であると主張するものです。そういった事態を防止するためには，単に法定開示書面を作成するだけでは十分とはいえず，説明後に一定の質問期間及び熟慮期間（少なくとも1週間程度）を設け，十分に検討する時間を与えることも重要です。その際，弁護士などの専門家に相談するようアドバイスもしておくとよいでしょう。

2. フランチャイズ契約書

前述したとおり，フランチャイズ契約においては様々なことを規定しておく必要があり，フランチャイズ契約書についても数十ページに及ぶような内容になるのが通常です。本書には契約書のサンプルを添付しますが，内容についてはシンプルなものとしています。第1章では，既存のフランチャイズ契約書における問題点（第1章1.(1)②4)）を指摘していますが，サンプル契約書は現在広く使われている契約書をモデルに作成しています。なお，実際には本書のサンプル契約書を前提に，個別のフランチャイズシステムに応じた事項をさらに盛り込んで契約書を作成しますので，そのまま使用すればよいというものではないことに注意してください。フランチャイズ契約書に関しては『改訂版 フランチャイズ契約の実務と書式』（三協法規出版）が参考になります。

フランチャイズ契約においては独占禁止法への抵触など難しい論点も含まれていますし，フランチャイズ契約の内容は個々のフランチャイズシステムに応じて適切な内容にカスタマイズすべきです。そのため，必ず専門家である弁護士（可能であればフランチャイズ制度に精通している弁護士が望ましい）によるリーガルチェックを受けるようにしましょう。

(1) 主要な条文の説明

フランチャイズ契約書は，前文から始まり，定義規定，フランチャイズの付与に関する規定，商標の使用，フランチャイザー（本部）がすべきこと，フランチャイザーとフランチャイジーの関係，加盟金，ロイヤルティ，テリトリー権など多岐にわたる事項を定めます。

本章ですべての条文について詳細な解説をすることはできませんが，ここでは重要となるいくつかの条文について，サンプル契約書の内容を説明していきます。なお，実際の契約書ではもう少し細かい事項や個別的な事情も定めます。

① フランチャイズの付与（サンプル契約書第２条）

フランチャイズ契約は，商標等を使用させ，ロイヤルティなどの形で対価を得る契約ですので，この条文はフランチャイズ契約の基本となる条文です。前述した4つの権利のうち，①出店権と②運営権については第1項で認めていますが，③サブ・ライセンス権と④ライセンス販売権については，第2項で明確に否定しています。

② 商標の使用（サンプル契約書第３条）

フランチャイズには「ブランドを売る」という側面もあります。ブランドの象徴である標章（登録された商標以外のロゴやマークなども含みます）については厳格に管理をして，不当な使用がなされないようにしましょう。

前述のとおり，無断使用の差し止めなどをするために商標登録をしっかりとしておくことも重要です。この規定を設けたからといって，商標登録の必要がなくなるということはありません。

③ フランチャイザー（本部）がすべきこと（サンプル契約書第4条，第11条）

飲食店を想定した規定です。フランチャイザーが行うべき内容は，フランチャイズシステムごとに異なりますので，フランチャイズシステムの設計後，フランチャイザーが行うべき業務を条文に反映させることになります。第4条は大枠，個別の内容は第11条，という形で規定しています。

しっかりと説明をしても，店舗の経営がうまく行かないと，「本部が何もしてくれない」などといったトラブルが起こりがちです。しっかりとここで本部として行うべき業務を明示しておいてください。また，記載した以上はしっかりとやる必要がありますので，理想論として「やりたい」ことをとにかく列挙するというのではなく，できないことは記載しないということも重要です。

④ フランチャイザーとフランチャイジーの関係（サンプル契約書第5条）

フランチャイズ契約は雇用契約ではないので，フランチャイザーとフランチャイジーは互いに独立した関係となります。また，加盟希望者に対しては，フランチャイズ契約締結に先立ち，売上予測などを示す必要がありますが，フランチャイズでは，「加盟時に考えていたよりも利益が上がらない」というトラブルが多くあります。そこで，あくまでフランチャイズシステムにおいてはフランチャイザーとフランチャイジーは独立した事業者同士であり，成功するかどうかは自己責任であることを明示し，確認しておく必要があります。

この条文のほかにフランチャイザーにおいて売上予測義務や売上保証はない，ということを明示する条文を設けることも多いです（サンプル契約書第6条）。

⑤ 加盟金（サンプル契約書第7条）

加盟金の金額は自由に決めて構いませんが，高すぎると加盟者が増えにくくなる一方，あまりに安すぎると，フランチャイズをやろうという十分な覚悟のない人が加盟する可能性があるなど，非常に難しい問題があります。

また，トラブル防止の観点からすると，第1項のように，何の対価として

「加盟金」を受け取るのかを明示する必要があります。単に「加盟金」だけとすると，加盟契約後すぐに「やっぱりやめた」となった場合，加盟はしていないから返す必要があるのではないかという問題が生じてしまいます。一般的には第2項のように，返さないという形にすることが多いですが，実際上はトラブルになるのを防ぐために一部だけ返金したりすることもあり，最初からそのように規定する（「○○円は返さない」または「○○％は返さない」という条文にする）例もあります。そういった内容の条文にするメリットは，加盟希望者に「対等」であることがアピールできるという点です。なお，2項のような加盟金不返還条項の効力が認められ，加盟金を返さなくてよいとなるかどうかは，過去の裁判例でも判断が分かれておりケースバイケースです。そのため，このように規定しさえすれば返さなくてよいというわけではないことに注意が必要です。

⑥ ロイヤルティ（サンプル契約書第8条）

ロイヤルティについても加盟金と同様，何の対価であるのかを明示しましょう。「対価」として掲げた内容をフランチャイザーがしっかりと履行しないと債務不履行になってしまいますので，「対価」として記載する事項についても漫然と記載するのではなく，実態に応じた内容としてください。

ロイヤルティの金額（割合）をいくらにするかについても，フランチャイズシステムの収益モデルにより異なります。しっかりと本部による指導等を行い，ロイヤルティを高めに設定して収益の中心にするモデルも考えられますし，一方で，ロイヤルティを管理のための実費程度の低額とし，仕入れのリベートなどを収益の中心とするモデルも考えられます。

⑦ テリトリー権（サンプル契約書第10条）

テリトリー権とは，一定の地域内に同じチェーンに属する他の店舗（直営・フランチャイズを問わない）を出店しないことを約束して，フランチャイジーに一定の地域（テリトリー）内で商売することを保障する権利です。テリトリー権を認めないフランチャイズ契約も多くありますが，フランチャイジー側からすれば，これが認められないと加盟後のリスクが不透明になってしまい，加盟に二の足を踏むことになりかねません。フランチャイジーとの共存共栄という観点からも認めることをお勧めします。テリトリー内に出店できないというデメリットは，ロイヤルティや加盟金の金額を調整するなどの形で対応しましょう。

テリトリーの範囲については，例えば，ターミナル駅であれば，北口と南口は直線距離としては近くても，それぞれに1店舗ずつあっても問題ない，というケースもありますので，「半径○m」などと一律に決めるべきではありません。テリトリーの範囲を線で囲んで明示した地図を別紙としてフランチャイズ契約書に添付するなどして，争いの余地が生じないように明確にしましょう。

サンプル契約書では入れていませんが，テリトリー権を認めると，テリトリー内での出店をフランチャイザーができなくなってしまうため，そのリスクヘッジのために，営業成績（年間売上○○円など）などの基準を定め，その基準に達しない場合にはフランチャイザーはテリトリー権をはく奪することができる，と規定することも考えられます。

⑧ 競業避止義務（サンプル契約書第12条，第18条）

フランチャイズ契約においては，ノウハウの流出防止やフランチャイジーが競合店舗を経営することを防止する目的で，契約中及び契約終了後の競業を禁止することが一般的です。なお，契約終了後の競業禁止についてはあまりに長い期間の制限は職業選択の自由という観点から無効とされる可能性があるので注意が必要です。2年程度が無難です。

フランチャイザーの立場から見たら，当然と考えられる制限ではあるのですが，第1章で説明したように，これらの規定があることにより，他の事業を並行して行うことができなくなるなどし，フランチャイジーの事業展開の幅を狭めてしまいます。フランチャイズシステムにおいては，絶え間ない経営革新が必要であり，そのような革新を続けられないのであれば，長年にわたるフランチャイズチェーンの維持・発展が困難になります。このように，絶え間なく経営革新をしていくことを前提に，流出しようがそのノウハウはすでに陳腐化しているので問題がないと考えて，加盟者の間口や加盟者の事業展開の幅を広げるために，競業禁止の制限の程度を弱めるといったことも「新しいフランチャイズ」という視点からは十分に考慮に値すると考えられます。

⑨ 出口戦略に関する規定（サンプル契約書第13条，第14条）

多くのフランチャイズ契約は「出口」が明確に決まっていないことが多く，フランチャイジーが永続的にフランチャイズを続けていくという前提となっています。営業譲渡など契約の途中でフランチャイズ契約から離脱することができる規定を設けているものは少ないのが現状です。

フランチャイザーにとっては，誰がフランチャイジーになるかは非常に重要であるため，一般論としては，無制限に営業譲渡が可能であるとすべきではありません。しかし，将来的な営業譲渡の権利やその際の手続きを明確化しておくことで，事業を展開させて軌道に乗せた段階で事業譲渡をして収益を上げるというモデルを加盟希望者が想定できるようになります。

アメリカなどでは，フランチャイズチェーンに加盟し，黒字化したところで事業譲渡をして利益を得るというビジネスモデルもあります。そのため，そのようなビジネスモデルにも対応できるように，あえて営業譲渡についての制限をかけずに流動性を高めることで，加盟者を増やして店舗網のより迅速な拡大を図る，という戦略も考えられるところです。

第13条第4項のようにフランチャイザー自らが買い取ることも認めておくと，優良な加盟店をそのまま買い取ることができ，その後直営にしたり，第三者に加盟店の経営権を売却したりすることができることになります。

フランチャイズ契約においては事業承継があった場合の対応について規定するものは多くありません。今後，事業承継を必要とする事案が多く発生するものと考えられますので，サンプル契約書第14条のように，あらかじめ手当てしておくことが重要です。

加盟希望者の立場からしても，事業承継の際にサポートを受けられるとしておくことで安心して加盟することができます。

⑩ 解除（第15条，第16条）

フランチャイジーからの解除（第15条）は，3か月の予告期間を設けることで解除できるようにしてあります。ただし，あまりに短期間での解除を認めるべきではないため，解除から3年以内の解除については，違約金の支払いを請求できるよう規定しています。

フランチャイザーからの解除（第16条）については，多くのケースが挙げられていますが，第1章で説明したように，フランチャイザーが安易に解除できたうえ，違約金まで請求できるとすることには問題があるのではないかと考えられるため，比較的軽微な契約違反については，履行または是正を求める催告をしなければならないこととして，直ちに解除することまではできないものとし（第2項），違約金条項も入れていません。なお，安易に解除できてしまうとフランチャイジーが投下資本を回収できないなどの不利益を被ることがあるため，契約書で解除条項を定めたとしても，必ずしも当該条項に従って容易に解除が認められるわけではありません。

3. フランチャイズにおけるコンプライアンス

フランチャイズにおけるコンプライアンス（法令順守）としては，前述したフランチャイズ・ガイドライン以外の問題もあります。みなさんは「偽装雇用」あるいは「偽装請負」などといったフレーズを聞いたことがあるでしょうか。

「偽装雇用」と「偽装請負」は，どちらも同じ意味で使われることが多いのですが，雇用契約にした場合に生じる負担を避けるために，実態としては雇用契約であるにもかかわらず，形式上は請負契約にすることをいいます。具体的には，雇用契約により従業員として雇用する場合は，会社が社会保険料を負担し，時間外の勤務には残業代を支払うなどのコストがかかるほか，憲法第28条で認められた団体交渉権が認められ，そのほかにも様々な法律で保護されます。一方，請負契約などの雇用契約以外の契約にすると，労働基準法などの労働者に関する法律の適用が受けられないので，前述した社会保険料の負担，残業代の支払義務がなくなるほか，原則として団体交渉権も認められないことになります。要するに，実態が雇用契約であるにもかかわらず，請負契約であると「偽装」することで雇用契約に関する法律の適用を免れることを「偽装雇用」または「偽装請負」といいます。

(1) フランチャイズ契約と偽装雇用

偽装雇用の問題を論じる前提として,「労働者」という概念について説明します。労働基準法や労働契約法, 労働組合法など,「労働者」に適用される法律はたくさんあります。それぞれの法律における「労働者」の範囲については重なることもあるものの, それぞれの法律の目的に応じて変わるので, 完全に同一ではありません。

フランチャイズ契約は請負契約ではありません。しかし, 実態は雇用契約で「労働者」といえるはずなのに, 形式上はフランチャイズ契約に基づく関係であるから「労働者」には当たらないとして法律の規制を不当に免れようとするのであれば, やはり「偽装雇用」として問題になります。このような問題が生じる理由は, 前述したように, フランチャイズ契約においては, フランチャイザーとフランチャイジーはそれぞれ独立した関係にあるため(本章2.(1)④), フランチャイズ契約に基づく関係であるとすれば, 雇用関係ではないからです。

(2) フランチャイズ契約と労働基準法上の「労働者」

もし仮に, フランチャイジーが労働基準法の「労働者」にあたる場合には, 残業代の支払いや合理的な理由のない解雇が禁止されるなどの保護を受けられることになります。もっとも, 一般的なフランチャイズ契約であれば, 前述のとおり契約書でフランチャイザーとフランチャイジーが互いに独立であるとうたわれているほか, 実態としても双方が独立した関係となるので, 労働基準法の「労働者」に該当するケースは少ないと考えられます。

しかし, 実態が直営店であり, 店長を従業員として雇用すべきであるにもかかわらず, 社会保険料や残業代の負担を免れる目的で, 形式だけ「フランチャイズ契約」とする場合には, 偽装雇用であると判断され, 違法行為となりますのでそのようなことは絶対に避けましょう。

(3) フランチャイズ契約と労働組合法上の「労働者」

フランチャイジーが労働基準法上の「労働者」にあたると判断されることは少ないとしても, 労働組合法の「労働者」には該当すると判断される可能性があります。なぜなら，労働組合法の「労働者」については，団体交渉をする権利を認めるべきかどうかという観点から判断され，労働基準法の「労働者」とは別のものだと考えられるからです。実際に，フランチャイジーであるコンビニオーナーについて，岡山県労働委員会は労働組合法の「労働者」にあたると判断しています。しかし，一方で中央労働委員会は，労働組合法の「労働者」には該当しないと判断しています。

このように実際の事案では判断が分かれていますが，フランチャイズシステムの内容によってはフランチャイジーが労働組合法上の「労働者」に該当すると判断される可能性があります。実態を無視して，形だけフランチャイズ契約とすることはコンプライアンスの観点から非常に大きな問題があることになります。

(4) 違法行為をしないために

繰り返しになりますが，フランチャイズ契約において重要なことは，フランチャイザーとフランチャイジーは互いに対等であり，両者の発展がフランチャイズの成功につながるということを忘れないことです。本部が法律の適用を免れるという不当な目的でフランチャイズ契約を利用するようなことは決して許されません。また，そもそも団体交渉に応じるべきかどうかなどといった問題が生じないよう，普段から加盟店であるフランチャイジーの声に真摯に耳を傾ける「風通しの良い本部」となるように心がけてください。

4. エリア・フランチャイズ制度

(1) エリア・フランチャイズ制度とは

フランチャイズにはエリア・フランチャイズという仕組みもあります。通常のフランチャイズと基本的な部分は同様ですが，異なる部分も多くあります。

エリア・フランチャイズ制度の説明に入る前提として，サブ・ライセンス権について説明します。サブ・ライセンス権についてはフランチャイズの4つの権利として前述しましたが，フランチャイジーが加盟しているチェーンにおいて自らがフランチャイザーとなって新たな加盟者を募集し，フランチャイズ契

図表5-2　エリア・フランチャイズの仕組み

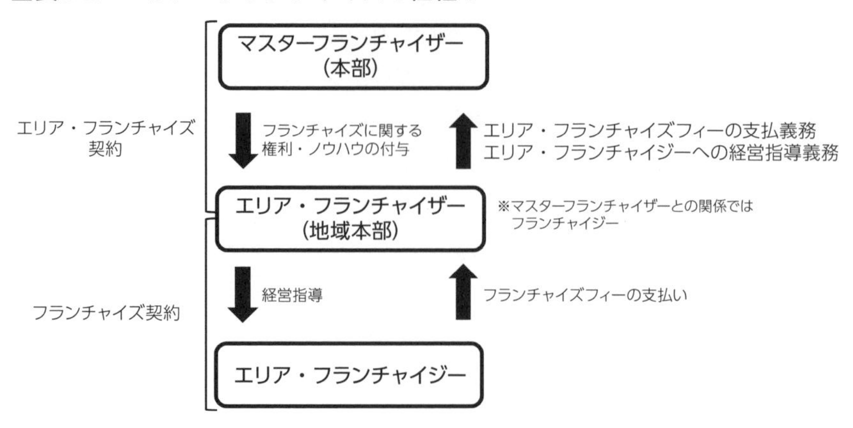

出典：筆者作成

約を結ぶことができる権利のことをいいます。

サブ・ライセンス権を一定のエリア内でのみ認める契約，すなわち一定のエリア内でのみフランチャイザーとなることを認める契約を一般にエリア・フランチャイズ契約といいます。エリア・フランチャイズについては明確な定義があるわけではありませんが，一般社団法人日本フランチャイズチェーン協会においては「フランチャイザーが，特定の地域（エリア）で開発力を有すると見込まれる者に対し，そのエリア内でフランチャイジーを募集する権利を与えることを主たる内容とする契約のことである」と定義しています。

以下，エリア・フランチャイズについては，本部を運営しサブ・ライセンス権を付与する者を「マスターフランチャイザー」，マスターフランチャイザーからサブ・ライセンス権を付与された者を「エリア・フランチャイザー」，エリア・フランチャイザーとフランチャイズ契約を締結してフランチャイジーとなった者を「エリア・フランチャイジー」と呼んで説明します。

エリア・フランチャイズ契約においては，マスターフランチャイザーからエリア・フランチャイザーに対しフランチャイジー開発ノウハウ，店舗経営ノウハウが提供され，さらに付与される権利としてエリア・フランチャイジー開発権，エリア・フランチャイジーに対する商標・ノウハウの使用許諾権，エリア・フランチャイジーからの加盟金・ロイヤルティ等の徴収権があります。エリア・フランチャイザーは，マスターフランチャイザーに対しエリア・フランチャイズ・フィーの支払義務，エリア・フランチャイジーへの経営指導義務を負うことになります。

(2) エリア・フランチャイズ制度の特徴，メリット・デメリット

エリア・フランチャイズの特徴は，加盟店の開拓を第三者にゆだねることができるという点にあります。例えば，現時点でチェーンが進出していない地域においては，当該地域で一から店舗展開をしなければならないことになりますが，なにもないところから新規に出店をするとなると，これまで出店経験がある地域への出店よりも様々な困難が生じる可能性があります。また，自社のみがフランチャイザーとなる場合はどうしてもリソースの面で出店スピードに限界が出てきます。

エリア・フランチャイズはこれらの問題を解決する方法といえます。例えば，新規に出店を検討している地域における有力企業であれば地域性なども十分に理解しており，スムーズかつ適切に店舗展開をしていくことが期待できます。また，加盟店募集作業もエリア・フランチャイザーにおいて行うためより広く加盟店を募集することができ，新規出店のペースを上げることができます。

フランチャイズにおいては，店舗展開を速めることでシェアを拡大することや，規模の経済によるメリットを得ることが重要であるため，エリア・フランチャイズ制度の採用には大きなメリットがあるといえます。また，エリア・フランチャイジーへの経営指導はエリア・フランチャイザーが行うことが一般的なため，その負担も減少します。

一方でデメリットとして，エリア・フランチャイジーからの加盟金やロイヤルティについてはエリア・フランチャイザーとの間で折半という形になることが多く，自らがフランチャイザーとして加盟者と契約を締結する場合よりも取得できる収入の額が減少します。また，マスターフランチャイザーとエリア・フランチャイジーは間接的な関係となるため，直接契約をする通常のフランチャイズの場合よりも監督等がしにくくなるという面もあります。さらに，エリア・フランチャイザーが大きくなりすぎると，本部との力関係が逆転しトラ

ブルにつながることがあります。実際にあった有名な事例としては，ある弁当チェーンからエリア・フランチャイザーが独立することで別の弁当チェーンが設立されたという事例があります。

図表5-3　エリア・フランチャイズのメリット・デメリット

メリット	デメリット
●シェアの拡大 ●スケールメリット ●経営指導の負担が減る	●加盟金・ロイヤルティ収入の減少 ●末端のエリア・フランチャイジーの監督がしにくい ●本部との力関係の逆転のおそれ

出典：筆者作成

メリットとデメリットを踏まえると，1店舗当たりで上げられる利益額は下がるが出店スピードを重視するかどうかという視点や，そもそも自社のみで当該地域でチェーン網を展開していくことができるか（特に海外展開の場合は顕著です）という視点などがエリア・フランチャイズを採用するかどうかの判断基準となるといえます。

(3) エリア・フランチャイズ契約における注意点（通常のフランチャイズとの違い）

エリア・フランチャイズにおいては，前述図表5-2のとおり，マスターフランチャイザーはエリア・フランチャイザーと契約を締結しますが（エリア・フランチャイズ契約），末端のエリア・フランチャイジーはエリア・フランチャイザーとのみ契約し（フランチャイズ契約），マスターフランチャイザーとは契約しません。そのため，エリア・フランチャイズにおいては，マスターフランチャイザーとエリア・フランチャイジーはエリア・フランチャイザーを通じて間接的なかかわりしか持たないことになります。エリア・フランチャイザーがそのエリアにおいて「小さな本部」となり，マスターフランチャイザーが運営する本部と2つの本部が存在することになります。

そこで，2つの本部がどのような関係となり，どのような役割分担を行うことになるのかをしっかりと契約で定める必要があります。マスターフランチャイザーの立場からすると，エリア・フランチャイズにおいては加盟金やロイヤルティをエリア・フランチャイザーと分け合うため，通常のフランチャイズよりも得られる収入収益が減少します。それならエリア・フランチャイザーに本部機能の多くをゆだねたいと考えるかもしれません。しかし，エリア・フランチャイザーにすべてを任せてあとは知らないという形にしてしまうと，エリア・フランチャイジーを十分に監督できず，不祥事を起こしてフランチャイズチェーン全体のイメージの悪化につながることがあります。また，前述の弁当チェーンの事例のように，エリア・フランチャイザーが巨大になりすぎて力関係が逆転してしまうという事態にもつながりかねません。

そのため，あまり内容を詰めずに単純に加盟金・ロイヤルティなどを折半とするのではなく，役割分担を踏まえたうえで適切なロイヤルティの取得割合を定める，折半となっていることを前提に役割分担を明確にするなどの対応をすることが重要です。

(4) エリア・フランチャイズの導入の流れ

実際にエリア・フランチャイズはどういったきっかけで導入されるのでしょうか。現実的には，エリア・フランチャイザーにふさわしいような企業はそう多くはないですし，未経験の人も含めて広く募集するという形ではリスクが高いため，通常のフランチャイズのように広告をうって広く募集するというのではなく，自分がエリア・フランチャイザーとなり「○○エリアでフランチャイズ店舗を展開したい」と希望する企業から話を持ち掛けられたり，すでに加盟店となっている者から「エリア・フランチャイザーとなり複数出店したい」と言われたりという形になることがほとんどです。

その際，エリア・フランチャイザー候補者にプロポーザル（出店計画）を提出させましょう。「自らがエリア・フランチャイザーになった場合には，こういった計画で出店していきます」と提案をさせます。そのうえでプロポーザルの内容を実現できない場合には契約を解除する，あるいは違約金を支払うという形でプロポーザルを契約内容に盛り込むことになります。

エリア・フランチャイズ契約を締結する理由の一つは，迅速にチェーン展開を広げていくことができるという点にあります。しかし，実際にエリア内でフランチャイズチェーンを展開していくのはエリア・フランチャイザーであるため，マスターフランチャイザーが完全にコントロールすることはできません。そこで期待通りにエリア・フランチャイズによるフランチャイズ展開を実現するという観点からも，プロポーザルを契約内容に盛り込み，加盟店開拓義務を課すことが重要になります。

(5) エリア・フランチャイズの構築

前述したフランチャイズの4つの権利（①出店権，②運営権，③サブ・ライセンス権，④ライセンス販売権）がエリア・フランチャイズにおいても重要です。エリア・フランチャイズの場合，通常は③のサブ・ライセンス権を含んでいますが，④のライセンス販売権を認めると，本部によるサポートの対象外となるエリア・フランチャイジーをマスターフランチャイザーの許可なく募集できることになるほか，ロイヤルティを得られないエリア・フランチャイジーが生まれることになり本部の収益にも関わります。そのため，安易に認めるべきではありませんが，認めることで出店スピードを上げることもできます。

このように④のライセンス販売権は，非常に重要な権利ですので，双方の認識に齟齬が生じないように，認めるかどうかについて契約書に明示しておくことが重要です。

なお，④のライセンス販売権については，当初は認めずにエリア・フランチャイザーとしての活動ぶりを見たうえで認めるということも考えられますし，そのこと自体を当初の契約に盛り込んでおくことも考えられます。例えば，「本契約締結後，○年経過時において，マスターフランチャイザーはエリア・フランチャイザーとの間で，これまでの本契約に基づく出店状況などを考慮したうえ，エリア・フランチャイザーにライセンス販売権を認めるかどうかについて協議するものとする」などの規定が考えられます。

(6) 出口戦略の提示の重要性

フランチャイズ契約においても出口戦略を示すことは非常に重要なのですが，エリア・フランチャイズにおいてはさらに重要です。エリア・フランチャイズは事業規模が大きく，フランチャイズチェーンと同種の事業を行っている企業がエリア・フランチャイザーとなるとは限りません。例えば，特定地域の有力企業の店舗の展開能力に期待し，全く異なる内容の事業であるものの，エリア・フランチャイザーを任せるといったことも考えられます。近年，M&Aが盛んになっているように，特定の事業を長期間保有し続けるというケースは少なくなってきました。エリア・フランチャイズにおいても出口戦略を提示しておけば，「○年間で△店舗を展開することで利益を×年間で回収し，その後最終的には事業の売却やIPOにより利益を得る」といった計画が立てやすく，参入しやすくなります。

実際のところ，我が国ではこういったことがあまり広く行われてはいませんが，柔軟に事業への進出や事業からの撤退ができるようにする規定を設け，「こういった形での出口が考えられます」と提示することで契約を結ぶことへのインセンティブとすることができます。

5. アフターコロナ，働き方改革に対するフランチャイズ契約書の課題

新型コロナウィルスの感染拡大は，多くの人が予想すらしていなかった事態でした。そのため，フランチャイズ契約書においても新型コロナウィルスの感染拡大のような事態を想定した契約内容になっていないものがほとんどです。

また，新型コロナウィルスの感染拡大以前より働き方改革の推進がなされていましたが，新型コロナウィルスの感染拡大により，人々の生活様式や価値観に大きな変化が生まれ，フランチャイズにおいても従来とは異なる仕組みづくりが必要になってくるでしょう。

以上のように，アフターコロナの状況下においては，今後同様の事態が発生した場合の対応策についてどのように定めておくか，生活様式や価値観の変化も踏まえた働き方改革への対応が重要となります。

(1) 今後新型コロナウィルスの感染拡大と同じような状況となった場合の対応策

フランチャイズ契約書に限らず，一般的には契約書には天災などが起きた場合についての規定が設けてあります。しかし，これまでの契約書では「疫病」などといった記載が明示されているケースは少なく，多くの場合が地震や台風

などの自然災害を想定したものでした。今般の新型コロナウィルスの感染拡大による影響を踏まえ,「疫病の流行」や「パンデミックの発生」についても,天災などと並列して条文として規定しておくべきことになります(サンプル契約書第22条)。

なお,双方合意のうえ,契約書の合意内容と異なる特別な対応をすることはもちろん可能です。フランチャイザーとしては,普段からフランチャイジーの声に耳を傾け,いつでも気兼ねなく相談できるような関係性を構築しておくことも重要です。

(2) 生活様式や価値観の変化も踏まえた働き方改革への対応

フランチャイズにはいろいろなビジネスモデルが考えられますが,飲食店など実店舗を設けるケースも多いのではないでしょうか。スーパーバイザーが店舗を訪れて指導することが一般的ですが,例えば,実際に店舗を訪れる頻度は減らし,その分web会議の回数を多くしてコミュニケーションを密にする,情報を共有できるレジシステムの開発や採用により効率的な情報交換を可能にするといった対応をし,また,契約書においてもそのような内容を反映させておくことが重要です。

(3) 変化する環境への対応

新型コロナウィルスによる影響に限らず,今後もフランチャイズを取り巻く環境が大きく変わっていく可能性があります。例えば,前述したように,従来のフランチャイズ契約書では事業承継に関して定めた規定はほとんどありませんでした。それは,そのような事態をそもそも想定していなかったからです。大切なことは,フランチャイザーの成功はフランチャイジーの成功によって実現されるという考え方に基づき,社会環境の変化に柔軟に応じることができるよう絶えず何がフランチャイズチェーン全体の発展につながるのか,ということを模索し,工夫し続けていくことではないでしょうか。

【参考文献】

神田孝（2018）『改訂版 フランチャイズ契約の実務と書式』三協法規出版

COLUMN

友達と約束，名前を会社名に

――「居酒屋それゆけ！鶏ヤロー」を展開するセンベロ飲食店の代表選手

黄と旭の看板，角ハイボール50円，サワー，カクテル，焼酎99円，生ビール280円の価格。非常に目立ち，価格に衝撃をうけ，帰りに入りたくなる店です。また，角ハイボール50円は他に例を見ない驚きの価格です。

また，同社は加盟店を募集していますが，加盟金50円，ロイヤリティも50円です。このような非常識な店をFC展開しているのが和田成司氏。昭和57年生まれの，やり手社長です。コロナ禍においても，直営店とFC店の合計で30店舗，1年で10店舗増やしています。

「高校時代に焼肉屋でバイトをしていて，その時にバイト仲間だった親友と『いっしょに焼肉屋をやろう』って語り合っていました。でも，その親友は，バイクで遊んでいる時に亡くなってしまうんです」。そのため，友達の名前を借りて，「株式会社　遊ダイニングプロジェクト」と名付けました（現在社名：鶏ヤロー）。

27歳で200万円を貯めて，焼き肉屋を開業して独立。3店舗まで，鳴かず飛ばずでした。4店舗目が「居酒屋それゆけ！鶏ヤロー」です。

現在のチェーンのモデル店舗となりました。知り合いの肉屋が経営していた居酒屋を辞めるから，『どうだ』と話をふってくれました。松原団地駅近くにある100席のお店でした。もちろん，新たに出店するといっても資金はカツカツです。だから，ホームセンターで資材を購入し，看板も拡大コピーしてつくりました。この手作り感が「センベロ飲食店」の業態と合って，伸びる原動力になりました。

会社概要：売上25億円　約30店舗（首都圏中心に全国）

○○○フランチャイズチェーン
加盟契約書

株式会社 ○○○○○

第１章　総則

株式会社○○○○○○○（以下、「フランチャイザー」という）と＿＿＿＿＿＿＿＿（以下「フランチャイジー」という）とは、本日、以下のとおり合意した。

前文

１．当チェーンの名称は「○○○フランチャイズチェーン」とする。
２．○○○フランチャイズチェーンは、その本部を○○県○○市○○×丁目×番地×　○○ビル×階　株式会社○○○○○○○に置く。
３．フランチャイザーが展開する○○○フランチャイズチェーンは、リーズナブルな価格で、北海道料理やこだわりの焼酎・日本酒を提供し、サラリーマンが職場の仲間と仲良く、くつろいだ時間を過ごすことのできる空間を提供することを目的とする。
４．フランチャイジーは、○○○フランチャイズチェーンの上記目的に賛同し、同チェーンに参加することを自らの意思によって決定し、本契約を締結した。よって、フランチャイザーとフランチャイジーは以下の通り合意した。

第２章　フランチャイズの付与等

第１条（定義）
１　「○○○フランチャイズシステム」とは、○○○フランチャイズチェーンに属する店舗を運営するためにフランチャイザーが開発・作成した各種マニュアル、文書、図画、経営指導及びコンピュータを用いた運営システムの総称および○○○フランチャイズチェーンマークなどの総体によって構成される、○○○フランチャイズチェーン加盟店経営のために用いられるシステムの全体をいう。
２　「○○○フランチャイズチェーンマーク」とは、フランチャイザーが指定する商標その他のマークをいう。
３　「本件店舗」とは、フランチャイジーが本契約に基づき、第９条で規定する場所に設置し、経営する店舗をいう。

第２条（フランチャイズの付与）
１　フランチャイザーは、フランチャイジーに対し、本契約の有効期間中、フランチャイジーが本契約の各条項を誠実に遵守・履行することを条件として、第９条に定める店舗所在地に○○○フランチャイズチェーンを経営する事業所を設置し、○○○フランチャイズシステム及び○○○フランチャイズチェーンマークを利用して、○○○フランチャイズチェーン加盟店としての営業を行うことを許諾する。

2　フランチャイザー及びフランチャイジーは、前項の規定が、フランチャイザーがフランチャイジーに対し、○○○フランチャイズチェーンに関するサブ・フランチャイズ権（自らが本部となり第三者にフランチャイズ権を付与する権利）及びサブ・ライセンス権（第三者に○○○フランチャイズチェーン加盟店として活動することを認める権利）を認めるものではないことを、相互に確認する。

第3条（標章等の使用）
1　フランチャイザーは、フランチャイジーに対し、本契約の有効期間中、○○○フランチャイズチェーンマークを使用することを許諾する。
2　フランチャイジーは、自ら運営する○○○フランチャイズチェーン加盟店の運営以外の目的で、○○○フランチャイズチェーンマークを使用してはならず、また、第三者をして使用させてはならない。
3　フランチャイジーは、○○○フランチャイズチェーンマークの使用に当たって、マニュアルその他フランチャイザーが指定する文書の定めに従い、フランチャイザーの指示を遵守しなければならない。

第4条（本部の基本事務）
フランチャイザーは、○○○フランチャイズチェーンの統一的なイメージを維持するために、次の事務を行うものとする。
①　加盟店の営業に供する商品、サービス、レシピ及びメニューの提供
②　店舗デザイン、店舗レイアウト、内装設備、厨房設備等の決定
③　フランチャイジーに対する調理指導及び販売指導並びに販売促進指導
④　加盟店間の不当な競争を防止するための加盟店に対する指導及び加盟店間の調整

第5条（契約当事者の独立性等）
1　本契約の当事者双方は、それぞれ独立した事業者であり、本契約は、フランチャイジーにフランチャイザーの代理人、受任者、共同経営者、履行補助者、従業員または使用人たる地位を付与するものではない。
2　フランチャイジーは自己の社名及び商号に○○○フランチャイズチェーンと同一または類似の名称を用いてはならない。
3　フランチャイザー及び○○○フランチャイズチェーン関係者のいずれも、フランチャイジーの債務について、保証ないし引き受けるものでない。
4　フランチャイジーは、自己の経営判断と責任のもとで自己の名義で本件店舗を経営するものであり、フランチャイザーは本件店舗の売上及び成功を保証するものではなく、本件店舗の経営による全ての損益は自らに帰属することを了承、確認する。

第６条（売上予測義務の否定、売上保証の否定）

1　フランチャイザーは、フランチャイジーに対して本件店舗及び○○○フランチャイズチェーン事業についての売上、経費、収益、損益等に関する予測値を提供する義務及び本件店舗の事業計画を作成する義務を負わない。

2　フランチャイザーがフランチャイジーに対して本件店舗の売上、経費、収益、損益、事業計画等に関する何らかの資料を提供した場合、それらは、フランチャイジーが自ら事業計画を作成するための参考資料に過ぎない。本件店舗の売上、経費、収益、損益、利益率、原価率、人件費率、事業の成功を保証するものではない。

第３章　加盟金及びロイヤルティ

第７条（加盟金）

1　フランチャイジーは、フランチャイズの付与、マニュアル等ノウハウの開示、開業時におけるフランチャイザー所有の商標その他営業上の象徴の使用許諾、開店準備の支援の対価として、本契約後、７日以内に、フランチャイザーに対し、フランチャイザーが定める方法で一括して下記の加盟金を支払う。

　加盟金　　　　　　　　金＿＿＿＿＿＿＿＿＿＿＿＿円（税込）

2　前項に定める加盟金は、いかなる場合においても返還されない。

3　上記支払いに要した費用は、フランチャイジーの負担とする。

第８条（ロイヤルティ）

1　フランチャイジーは、フランチャイザーに対して、○○○フランチャイズチェーンシステム及び○○○フランチャイズチェーンマークその他営業上の象徴の使用、フランチャイザーによる商品・レシピ・メニューの開発並びに継続的な経営指導の対価として、毎月１日から末日までの間の本件店舗における月間総売上高の○パーセントに相当する金額（税別）をロイヤルティとして支払うものとする。

2　フランチャイジーは、第１項に定めるロイヤルティと消費税を翌月15日までにフランチャイザーが指定する銀行口座に振り込んで支払うものとする。支払いに関する手数料はフランチャイジーが負担する。

第４章　店舗の所在地・テリトリー権

第９条（店舗の所在地）

フランチャイジーは、本件店舗を下記店舗設置場所に設置し、経営する。

　店舗の設置場所＿＿＿＿＿＿＿＿＿＿＿＿＿＿＿＿＿＿＿

第10条（テリトリー権と営業地域）

フランチャイザーは、本件店舗が存在する地域（別紙○（※省略）にて指定した範囲の地域）においては、フランチャイジーの事前の書面による承諾がない限り、自らまたは第三者をして、本チェーンに属する店舗を開設することができないものとする。

第5章　経営指導

第11条（本部による経営指導）

1　フランチャイザーは、フランチャイジーが本件店舗を経営するについて、以下の指導または援助を行うものとする。
　①　本件店舗で販売する商品、店舗内外装、設備、機器、什器備品等の品質、外観、配置方法等に関する指導及び助言
　②　キッチン及びホールでのオペレーションに関する指導及び助言
　③　販売促進活動についての指導及び助言
　④　その他フランチャイザーが本件店舗の運営に必要な各種情報の提供及び研修の実施
2　フランチャイザーは、原則として○ヵ月に○回、本件店舗に、フランチャイザー指定の指導員（スーパーバイザー）を派遣し、店舗の商品構成、販売状況等に関する助言及び指導を行うものとする。
3　前項のスーパーバイザーの派遣の日時はフランチャイザーとフランチャイジーが協議のうえ定める。
4　フランチャイジーは、フランチャイザーに対し、本件店舗の経営指導のためにスーパーバイザーの派遣を要請することができる。
5　前項の要請がなされた場合、フランチャイザーは、その必要性を判断し、スーパーバイザーを派遣するかどうかを判断する。スーパーバイザーの派遣が行われる場合、フランチャイジーは、別途フランチャイザーとの間で合意したスーパーバイザーの人件費及び実費（経営指導を行うためにかかった交通費、宿泊費等）をフランチャイザーに支払うものとする。
6　フランチャイジーが本契約（本契約に付随する契約を含む）に違反している場合、フランチャイザーは、フランチャイジーに対する経営指導を拒むことができる。

第6章　競業避止義務

第12条（競業避止義務）

1　フランチャイジーは、その名義・態様を問わず、フランチャイザーの事前の文書による承諾がない限り、直接または間接的に、○○○フランチャイズチェーン事業と同種または類似の営業ないし営業の部類に属する取引（以下、「競業取引」という。）を自ら行

ってはならず、また、第三者に行わせてはならないものとする。

2　前項の競業取引には、○○○を調理・製造・提供・販売する飲食店及び飲食物販売小売業、本契約に基づきフランチャイジーに提供されたフランチャイザーのノウハウ、営業秘密、マニュアルを用いて運営される飲食店及び飲食物販売小売業、それら事業をフランチャイズ方式により多店舗展開する事業が含まれるものとする。

3　フランチャイジーが本条の規定に違反した場合、フランチャイジーは、当該違反行為を直ちに停止するとともに、違約金として違反行為1件当たり平均ロイヤルティの○ヵ月分または金○○○万円のいずれか高い金額をフランチャイザーに対して支払うものとする。

第7章　契約上の地位の移転等

第13条　（フランチャイジーによる譲渡等）

1　フランチャイジーは、本契約に係る契約上の地位の一部または全部を、フランチャイザーの書面による承認なくして、有償無償を問わず、第三者に譲渡、名義貸し、担保提供、貸与、その他これらに類する行為をしてはならない。

2　フランチャイジーが本契約上の地位を含む、フランチャイズ事業の営業全部を第三者に譲渡することを希望する場合、フランチャイジーは、当該希望譲渡先、譲渡金額等の譲渡に係る情報をフランチャイザー所定の書式でフランチャイザーに通知しなければならない。

3　フランチャイザーは、フランチャイジーから前項の通知書を受領した日から、15日以内に、承認するか否か、フランチャイジーに回答しなければならない。

4　フランチャイザーは、当該通知書に記載された譲渡条件で、フランチャイザー自ら、または第三者を指定して、フランチャイジーから営業全部を譲り受けることができる。

第14条（フランチャイジーに事業の承継があった場合）

個人であるフランチャイジーが死亡し相続により相続人が本契約に基づく権利を承継した場合（第16条に基づきフランチャイジーの死亡を理由に解除された場合を除く）、フランチャイジーの代表者が変更した場合、本件店舗の営業譲渡があった場合、フランチャイジー（新たにフランチャイジーとなった者も含む）は、フランチャイザーに対し、フランチャイジーの費用をもって本件店舗を経営するために必要な研修を行うことを請求することができる。

第8章　契約の終了と契約終了後の措置

第15条　(フランチャイジーによる契約の解除)

1　本契約の有効期間中であっても、フランチャイジーは、3ヵ月前に書面によりフランチャイザーに通知をすることで、本契約を解除することができる。

2　前項の解除日が、開業日より3年以内の期間である場合、フランチャイザーは、フランチャイジーに対し、平均ロイヤルティの6ヵ月分の違約金を請求することができる。当該違約金は、フランチャイザーからフランチャイジーへの損害賠償及び本条以外に定められた違約金の請求を妨げるものではない。

第16条　(フランチャイザーによる契約解除)

1　フランチャイザーは、フランチャイジーに以下の事由が生じたときは、催告することなく直ちに本契約を解除できる。

①　差押、仮差押、仮処分、滞納処分または競売の申立てを受けたとき。

②　会社更生、民事再生、破産、特別清算を自ら申し立て、もしくは申立てを受けたとき。

③　銀行取引停止処分を受けたとき。

④　フランチャイジー名義の手形・小切手の不渡りを出したとき。

⑤　フランチャイジー(法人の場合)が解散したとき。

⑥　フランチャイジー(個人の場合)が死亡したとき。または、後見、保佐または補助の宣言を受けたとき。

⑦　フランチャイジーの代表者が懲役または禁錮の実刑判決を受けたとき。

⑧　ロイヤルティ、または、物品購入代金の支払が2回以上遅滞したとき。

⑨　本契約締結にあたって虚偽の申告をしたとき。

⑩　フランチャイザーの承諾を得ずに本契約上の権利を第三者に譲渡したとき。

⑪　フランチャイジーの経営状況が悪化し本件店舗の営業を継続することが明らかに不可能であると認められるとき。

⑫　取引先との関係で重大な契約違反行為があり、本契約を継続することが明らかに不可能であると認められるとき。

⑬　顧客または従業員との紛争により○○○フランチャイズチェーンの社会的信用を著しく害したとき、または害するおそれが高いとき。

⑭　フランチャイジーが暴力団その他の反社会的勢力等に対する利益供与、要求受け入れその他何らかの関係を持っていることが判明したとき。

⑮　フランチャイジーがフランチャイザー、○○○フランチャイズチェーンで取扱商品または他の加盟店に対する誹謗中傷を行うなどして○○○フランチャイズチェーンの社会的信用を著しく害したとき、または害するおそれが高いとき。

⑯　商品や食材の消費期限を偽装したとき。

⑰　フランチャイジーが本契約又はそれに付随する契約に基づく自己の債務を履行しな

い意思を明確にしているとき。

⑱　その他、フランチャイジーが本契約またはそれに付随する契約に違反したため、フランチャイザーとフランチャイジー間の信頼関係を著しく破壊したとき。

2　フランチャイザーは、フランチャイジーに以下の事由が生じ、フランチャイザーが相当な期間を定めて契約の履行または是正を求めたにもかかわらず履行または是正がなされないときは、本契約を解除することができる。

①　フランチャイジーが前項以外の事由で本契約に違反したとき

②　フランチャイザーの承諾を得ずに本件店舗の営業を中止したとき

③　フランチャイジーが本件店舗で使用する物品の仕入先に対する物品購入代金その他の支払を遅延したとき

3　フランチャイジーに第1項に該当する事由が存在した場合または第2項に該当する事由が存在し、フランチャイザーからの契約の履行もしくは是正の催告にかかわらず、履行もしくは是正がなされないまま相当期間が経過した場合には、本契約が解除されたか否かにかかわらず、フランチャイジーは期限の利益を喪失し、フランチャイザーに対して負担する一切の債務を直ちに支払わねばならない。

4　フランチャイジーがフランチャイザーとの間で○○○フランチャイズチェーンに属する複数のフランチャイズ契約を締結している場合、その内の1つのフランチャイズ契約が本条に基づき解除された場合は、フランチャイザーは、他のフランチャイズ契約についても催告することなく直ちに解除することができる。

第17条　（契約終了後の措置）

1　契約期間の満了、本契約の解約、解除その他理由のいかんを問わず、本契約が終了したときは、フランチャイジーは、本契約に基づく加盟店としての権利を一切失う。

2　フランチャイジーは、本契約の終了と同時に、フランチャイザーの指示に従い、フランチャイジーの責任と負担で次の各号に定める事項を実施する。フランチャイジーは、当該事項の全てが終了したときは、直ちにその旨を、フランチャイザーに対し文書で通知しなければならない。

①　○○○フランチャイズチェーン加盟店の営業を中止すること。

②　○○○フランチャイズチェーンシステム及び○○○フランチャイズチェーンに関する商標の使用を全て停止すること。

③　本契約、関連契約その他の合意に基づきフランチャイザーに対して負担する全ての債権債務を解消すること。

④　フランチャイジーが保管している○○○フランチャイズチェーン事業に関する文書、図面、写真、資料等秘密情報を記載した一切の書類及びそれらのコピーを、無償でフランチャイザーに返還すること。

⑤　電話帳登録名義、銀行取引名義等の登録を変更する等、○○○フランチャイズチェーン加

盟店でなくなったことをフランチャイジーの顧客、取引業者等第三者が正確に判断できる状態にすること。

3　前項の定めに拘わらず、フランチャイジーがこれらの処置を適正に行なわない場合、フランチャイザーまたはその代理人は、本件店舗及びフランチャイジーの事業所に自由に立ち入って、フランチャイジーの費用をもってこれらの排除、抹消、撤去等の必要な処置をとることができる。

第18条（契約終了後の競業禁止）

1　フランチャイジーは、本契約終了後24ヵ月の間、その名義・態様を問わず、直接または間接的に、競業取引を自ら行ってはならず、また、第三者に行わせてはならないものとする。

2　前項の競業取引には、○○○を調理・製造・提供・販売する飲食店及び飲食物販売小売業、本契約に基づきフランチャイジーに提供されたフランチャイザーのノウハウ、営業秘密、マニュアルを用いて運営される飲食店及び飲食物販売小売業、それら事業をフランチャイズ方式により多店舗展開する事業が含まれるものとする。

3　フランチャイジーが本条の規定に違反した場合、フランチャイジーは、当該違反行為を直ちに停止するとともに、違約金として違反行為1件当たり平均ロイヤルティの○ヵ月分または金○○○万円のいずれか高い金額をフランチャイザーに対して支払うものとする。

第9章　秘密保持義務

第19条（秘密保持）

1　フランチャイジーは、本契約の有効期間中か、または契約終了後であるかを問わず、また、直接的であるか間接的であるかを問わず、本契約の締結、履行または○○○フランチャイズチェーン店舗の経営に関して知り得た秘密情報を、いかなる第三者にも開示、漏洩してはならず、本件店舗の経営以外の目的で使用してはならない。

2　フランチャイジーは、本契約に基づき、フランチャイザーから提供を受け○○○フランチャイズチェーンシステムマニュアル、文書、図面、ビデオ、販促資料等その他一切の資料、並びに経営関連資料を厳重に保管し、本契約の有効期間中か、契約終了後かを問わず、フランチャイザーの承認を得ずに、複製し、閲覧、謄写等をさせてはならない。但し、法令の定めに基づき開示の義務を課せられる場合を除く。

3　フランチャイジーは、○○○フランチャイズチェーン店舗の経営のために必要な範囲内に限り、その経営に直接関与するフランチャイジーの従業員に秘密情報を開示することができる。但し、フランチャイジーは、当該従業員が秘密情報を第三者に開示、漏洩し、あるいは○○○フランチャイズチェーンの経営以外の目的で使用することのないよう、管理、監督しなければならない。

4　フランチャイジーが本条に違反した場合において、フランチャイジーはフランチャイザーに対し、フランチャイザーが被った損害を賠償しなければならない。

第10章　契約の期間・更新

第20条（契約期間）

1　本契約の有効期間は、本契約締結日より○年とする。

2　フランチャイザーまたはフランチャイジーにおいて、本契約満了の3ヵ月前までに書面による本契約終了の意思表示のないときは、本契約は更に○年更新されるものとし、以降もこの例に従う。

第11章　雑則

第21条（事情変更の原則等）

1　フランチャイジーは、本契約に関し、法令、その他による規制若しくは諸官庁より指導を受けた場合、フランチャイザーがそれらに従って本契約の内容を変更することができることに同意する。

2　契約当事者が予想することのできなかった社会経済情勢の変動が生じ、本契約の定めに従うことが著しく合理性を失った場合、フランチャイザー及びフランチャイジーは協議のうえ、両者の合意によりこれを変更することができる。

第22条（不可抗力免責）

フランチャイザー及びフランチャイジーは、天変地異、疫病の流行等やむを得ない事情によって、本契約に基づく債務を履行することができなくなったときまたは本契約に基づく債務の履行が著しく困難になったときは、それらの不履行について責任を負わないものとする。

第23条（暴力団等反社会的勢力の排除）

1　フランチャイザー及びフランチャイジーは、相手方に対し、本件契約時において、自ら（法人の場合は、代表者、役員または実質的に経営を支配する者）が暴力団、暴力団員、暴力団関係企業、総会屋、社会運動標ぼうゴロ、政治運動標ぼうゴロ、特殊知能暴力集団、その他反社会的勢力（以下「暴力団等反社会的勢力」という。）に該当しないことを表明し、かつ将来にわたっても該当しないことを確約する。

2　フランチャイザー及びフランチャイジーは、相手方が前項の該当性の判断のために調査を要すると判断した場合、その調査に協力し、これに必要と判断する資料を提出しなければならない。

3　フランチャイザー及びフランチャイジーは、相手方が暴力団等反社会的勢力に属すると判明した場合、催告をすることなく、本件契約を解除することができる。

4　フランチャイザーまたはフランチャイジーが、本条各項の規定により本契約を解除した場合には、その相手方に損害を生じても何らこれを賠償ないし補償することは要せず、また、かかる解除によりフランチャイザーまたはフランチャイジーに損害が生じたときは、解除された相手方はその損害を賠償するものとする。

第24条（他の加盟契約）

本契約は、他の加盟店と結ぶ○○○フランチャイズチェーン参加契約書と同一であることを保証するものではない。

第25条（完全合意条項）

フランチャイザーとフランチャイジーは、本契約、本契約の付属書類、マニユアルその他フランチャイザーが指定する文書は、本契約の目的及び内容に関する当事者間の合意の全てが集約されており、これらの文書に規定のない合意、約束、説明、提案、勧誘、要望は、口頭によるか書面によるかを問わず、いかなる効力も有しないことを確認する。但し、本契約の特約または関連規約であることが明記されかつ文書でなされた合意はこの限りでない。

第26条（規定外事項）

本契約に定めのない事項、並びに本契約の各事項の解釈について疑義を生じたときは、フランチャイザー、フランチャイジー双方の誠意を以て協議解決する。

第27条（所轄裁判所の合意）

フランチャイザー及びフランチャイジーは、本契約から生じる権利義務について紛争が生じたときは、○○地方裁判所を第一審の管轄裁判所とすることに合意する。

本契約の成立を証するため、本契約書２通を作成し、フランチャイザー、フランチャイジーが記名押印のうえ、各１通を保有するものとする。

年　　月　　日

（フランチャイザー）

㊞

（フランチャイジー）

㊞

第6章 加盟店開発営業

1. 加盟店開発営業の流れ

(1) 加盟店開発営業とは

加盟店開発営業とは，フランチャイザーが法人や個人の加盟店（フランチャイジー）を集客し，加盟店を増やしていくフランチャイズビジネスの中でも重要な業務の1つです。様々な手法で加盟見込み客を発掘し，事業説明会や個別の面談を通じてフランチャイズパッケージを提案し，本部の経営理念や事業方針に賛同した加盟者とフランチャイズ契約を締結します。

一般社団法人日本フランチャイズチェーン協会の2019年度「JFAフランチャイズチェーン統計調査」報告によると，2019年度の日本国内のフランチャイズチェーン数は1,324あります。その中で加盟見込み客を発掘するためには，フランチャイズパッケージ自体の商品設計をしっかり行い，売れるパッケージを作ることが前提です。そして，見込み客となる顧客ターゲットが誰か，どこのエリアに展開していくか等を明確にし，加盟店開発の計画を立案することが重要です。

加盟店開発営業を行ううえでは，契約に必要な書類の準備を行うことはもちろんですが，加盟希望者に自社のフランチャイズパッケージの魅力や事業内容を説明するために，会社案内やパンフレットなどの営業を行うためのツールの準備が必要となります。

加盟店開発営業は計画から始まり，加盟希望者とフランチャイズ契約を締結するまで，主に以下の流れで進めます。

図表6-1　加盟店開発営業の主な流れ

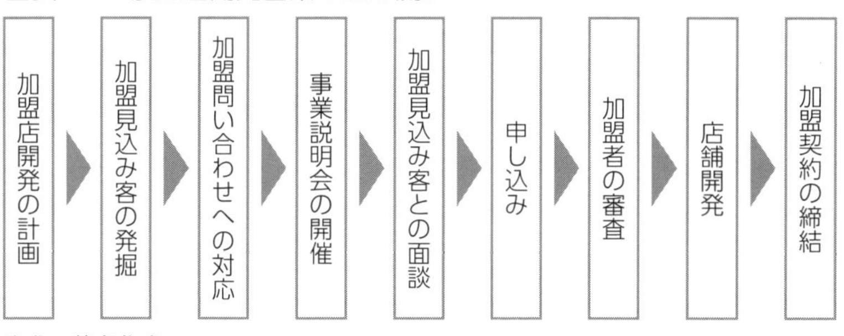

出典：筆者作成

(2) 加盟店開発の計画

① フランチャイズパッケージの設計

フランチャイザーが販売するのはフランチャイズパッケージであり，通常の事業と同様にフランチャイズパッケージ自体の商品力を向上させる必要があります。顧客ターゲットは誰なのか，そのターゲットとなる顧客のニーズに対してフランチャイズパッケージとして何を提供するのか，どのような方法で提供するのか，まずはフランチャイズパッケージ自体のコンセプトを明確にします。

そして，フランチャイズパッケージのコンセプトを実現するシステムやオペレーションがどのようなもので，どのような点で他のフランチャイズパッケージと差別化できるのかを明確にし，パッケージを体系的に整理する必要があります。また，常にブラッシュアップできる仕組みを構築しておきます。

② 環境の分析

SWOT分析等により，自社のフランチャイズパッケージの市場環境を把握し，加盟見込み客が自社のフランチャイズパッケージを選定するうえで，他のフランチャイズパッケージより優れている点はどこか，差別化できる点はどこかを分析します。

図表6-2　子供向けプログラミング教室事業のSWOT分析の例

強み	・自治体からのプログラミング教育の受託実績 ・電子端末や紙の教材を組み合わせた独自の自主学習教材 ・短期間で習得可能な教育カリキュラムと充実したサポート体制
弱み	・小規模組織におけるリソースの不足 ・自社のあるエリア以外での低い認知度
機会	・プログラミング教育の必修化による子供向けプログラミング教室の需要増加 ・ICT人材の需要増加
脅威	・プログラミング教室数の大幅な増加 ・英会話，スイミング，ピアノなど子供向け習い事の多様化

出典：筆者作成

③ ターゲットの設定

見込み客を発掘するための方法は広告・宣伝，セミナー・展示会，DMなど数多くありますが，フランチャイズパッケージの持つテーマや価値を明確にし，顧客ターゲットを設定することで，どのようなアプローチで見込み客の発掘をすればよいかを明確にすることができます。例えば，ターゲット顧客は法人か個人か，対象とする地域は全国か特定の地域かなど，ターゲットを詳細に絞り込むことでその後のアプローチ方法は大きく異なってきます。具体的には，以下のようなターゲットが対象として考えられます。

1）法人

- 新規事業を検討している法人（既存事業等の相乗効果，新たな収益事業の獲得）
- 不動産など資産活用をしたい法人（空きテナントの有効活用）

2）個人

- 従業員（のれん分け制度による独立支援）
- 主婦/主夫（家庭と仕事の両立など空き時間の活用）
- 副業（土日など本業の空き時間の活用）
- 独立希望者
- 退職者

- 同業の個人事業主

3）対象エリア

- 全国
- 一部地域

(3) 加盟見込み客の発掘

見込み客を発掘するためには，自社のウェブサイトでの情報発信の他に，フランチャイズや独立・開業支援をテーマにしたポータルサイトやフランチャイズパッケージの比較サイトなどへの広告掲載，年に数回開催されるフランチャイズ展示会への出展等を活用します。そして，フランチャイズパッケージに興味を持った見込み客からの資料請求や問い合わせに対応し，事業説明会への参加を誘引していきます。

見込み客は，新規事業，不動産などの資産活用，独立，定年退職後の開業など様々な課題を持っています。最近では情報を収集する際に，まずはインターネットでの検索を行うことが想定されるため，インターネットを活用した見込み客の発掘は特に重要です。

見込み客の発掘には様々な方法があり，ターゲット顧客の属性や本部のステージに合わせて選択していきます。

図表6-3　主な見込み客の発掘方法

手法	内容
自社の顧客	自社の商品・サービスを利用している顧客
顧客紹介	専門家などからの顧客紹介
自社ウェブサイト	自社のウェブサイトにフランチャイズ募集のページを作成
広告・宣伝	ポータルサイト，SNS等を活用したインターネット広告
パブリシティ	マスメディアからの取材記事の掲載
展示会への出展	フランチャイズショー等の年に数回開催されている展示会への参加
ダイレクトメール	購入したターゲットリスト等へのダイレクトメールの発送
営業代行会社	加盟店開発営業を専門に行う業者への業務アウトソーシング

出典：筆者作成

(4) 加盟問い合わせへの対応

① 顧客情報の確認

初回の問い合わせ時には以下の情報を確認し，加盟希望者の顧客リストを作成していきます。また，マーケティング施策や発掘方法の効果を分析するため，問い合わせのきっかけも確認します。

〈確認する主な項目〉

- 会社名，業種，職種
- ご担当者，役職名
- 連絡先（住所，電話番号，メールアドレス）
- 問い合わせのきっかけ（どの施策から流入したか）

② パンフレット・事業説明書の送付

問い合わせをもらった顧客には，会社案内やパンフレット・事業説明書などフランチャイズパッケージの概要がわかる資料を送付します。送付する資料は常に最新版を1つのセットにして準備しておきます。

〈主な送付物〉

- 会社案内
- パンフレット/事業説明書
- パブリシティ集
- セミナー/事業説明会案内兼申込書
- アンケート用紙
- 営業担当者の名刺

③ 到着後の電話連絡

資料到着後には電話連絡を行い，加盟希望者の最初の見極めを行います。特に資金の状況についてはしっかりと確認し，予算が合わなければこの時点で断ることも重要です。確認した項目は加盟希望者の顧客リストに追記していきます。

〈確認する主な項目〉
- 既存店の利用経験
- 加盟検討内容（新規事業開拓・業態転換等）
- 予算（全額自己資金，借入含む，保証人・担保の有無）
- 現在借入の有無
- 候補物件の有無
- 加盟希望時期

④ セミナー・事業説明会への勧誘とフォロー

電話連絡にて可能性のある見込み客には，セミナー・事業説明会への参加を促します。個別面談を希望される場合は日程・場所を調整して連絡します。セミナーや事前説明会へ進まなかった見込み客には，継続してDM等でのフォローを進めます。

〈フォロー方法の例〉
- 定期的な刊行物
- DM/メールマガジンの発送
- 説明会/セミナーの案内
- 店舗見学会のお知らせ
- 面談の案内

(5) 事業説明会の開催

① 計画の策定と説明会の準備

年間の開催スケジュールを作成し，これまでの資料請求や問い合わせなどの反応を考慮して会場の手配を行います。説明会で配布する資料の準備を進めます。

〈説明会での配布する主な資料〉
- セミナー/事業説明会レジュメ
- 会社案内

- パンフレット/事業説明書
- パブリシティ集
- アンケート用紙

② 見込み客の集客

自社のウェブサイト，展示会，広告・宣伝，DM等で事業説明会の集客を行い，予約を受けた参加希望者のリストを作成します。案内状を送付し，出欠の確認を行います。

③ 事業説明会

事業説明会では加盟希望者がフランチャイズパッケージの内容をしっかりと理解できるように説明を行い，本部の経営理念や事業方針に対して賛同してもらうことが重要です。フランチャイザーとフランチャイジーの義務や権利，役割等を明確にし，事業リスクについてもしっかりと説明を行います。

〈説明会の主な内容〉
- 経営トップによる挨拶と理念の説明
- 事業概要（事業の成長性，業界動向，他社との差別化のポイント等）
- フラインチャイズパッケージの説明（支援体制，加盟までの流れ，収支モデル等）
- 事例の紹介（出店状況等）
- 質疑応答
- 個別面談

④ アンケート回収

事業説明会実施後にはアンケートを記入していただき回収します。個別面談希望者に対しては，個別面談を設定します。

〈アンケートの主な内容〉
- 現状の業種や事業規模（法人の場合）

- 検討目的（新規事業，店舗のリニューアルなど）・興味を持った点
- 懸念点

(6) 加盟見込み客との面談

① 面談資料の準備

面談では，損益，開業資金の目安などを明記した投資回収計画やQ&Aなどフランチャイズパッケージの詳細をしっかりと説明できるように資料の準備を行います。また，有店舗のフラインチャイズパッケージの場合は店舗視察の事前調整も実施します。

〈利用する主な資料〉
- 事業説明書
- オープン前後のサポート内容/期間

② 面談・加盟相談

準備した資料を中心に加盟見込み客へ説明を行い，疑問点や不安点を解消していきます。なお，事業計画や投資回収計画については，損益の保証を行うものではないことをしっかりと説明する必要があります。

③ 店舗視察

店舗視察を希望される加盟希望者には，加盟後の業務イメージを持ってもらうためにも，実際に営業を行っている店舗を案内します。その際に店舗のオーナーや店長と事前に調整し，現場の声を届けることも効果的です。

④ 面談後フォロー

加盟希望者がどういった点を気にしているかを探り，問題点を解決していきます。また，質疑応答をすることで，加盟の意志があるかどうかを見極めていきます。

(7) 申し込み

① 法定開示書面の説明

小売業と飲食業については，加盟希望者との契約締結の前に法定開示書面を提示し説明することが中小小売商業振興法で決められています。契約後のトラブルとならないよう，質問事項などはしっかりと回答し，加盟希望者の疑問点を解消します。また，法定開示書面の開示後は加盟希望者から受領及び説明を受けた旨のサインをもらい，その後のやり取りについても記録を残すことが重要です。

② 申込書の受領

申込書は加盟希望者の加盟意思を確認する書類です。加盟者本人の署名・捺印がされているかしっかりと確認します。また，今後の審査により，加盟を断る場合があることも伝えておきます。

③ 申込金の受け取り

加盟申込金は加盟者が加盟の意思表示をした際に本部へ支払うものであり，申込書受領のタイミングで合わせて受け取ります。

(8) 加盟者の審査

① 与信審査

申し込みの際には与信に必要な書類を提出してもらいます。

〈与信審査時の主な資料〉

- 法人の場合：登記簿謄本，3期分の決算書（貸借対照表，損益計算書），代表者の履歴書・職務経歴書　等
- 個人の場合：確定申告書，加盟者の履歴書・職務経歴書　等

② 適性の判断

与信以外の適性については，資料送付後の電話ヒアリングや個別面談時にも実施していきます。それぞれのタイミングで審査のポイントを設定し，加盟希

望者の見極めを行います。また，法人の場合は実際の運営責任者の資質や会社として体制，現業とのシナジーがあるかも重要な審査ポイントとなります。

(9) 店舗開発

① 物件条件の設定

既存店舗の状況などを参考に店舗物件として最適な条件を明確にして，物件条件を設定します。

② 物件情報の収集

原則として物件の情報収集は加盟申込者が行いますが，実際は加盟申込者と本部の双方で物件情報収集を行います。物件条件を元に，加盟希望者の出店希望エリアの物件収集依頼書を作成し，エリアを拠点にしている不動産業者等へ連絡します。

③ 物件調査

設定している立地条件などの出店基準を元に，該当の物件に対して以下のような調査を行います。

- 商圏分析（商圏人口，競合，商圏を分断する障壁（バリア），周辺施設，駅利用者（乗降客数）等）
- 動線分析（通行量，通行者の属性，動線，視認性　等）
- 地点分析（坪数，接道，店舗形状，階層位置　等）

④ 損益計画の作成

物件調査の内容を元に，売り上げ予測を行い，損益計画を作成します。出店基準として設定した投資回収期間などを元に出店可否の判断をします。

(10) 加盟契約の締結

① 加盟意思の確認

事業説明会や個別面談を通じて，加盟希望者の加盟意思が確認できた場合，フランチャイズ契約書を渡します。

② 契約書の読み合わせ

契約書については加盟希望者と読み合わせを行います。最初から解説し，加盟希望者からの質問については正確に回答します。フランチャイズ契約に際して連帯保証人がいる場合には，連帯保証人についても確認し，できれば同席してもらいます。契約の交渉過程では，受け渡した書類とその日付，受領した金銭の名目等の記録を残しておくことが重要です。契約書の説明後は最低でも1週間以上は加盟者側の熟考の期間を設けます。

③ 契約の締結

フランチャイズ契約書の必要箇所に署名・捺印をし，契約を締結します。

2. 加盟見込み客の発掘方法

本節では，加盟見込み客の発掘方法について，さらに詳しく見ていきます

(1) 自社の顧客

本部の立ち上げ時など加盟実績が少ない初期の段階では，既存事業のお客様に対してアプローチすることにより加盟者を発掘していくことも効果的と考えられます。既存事業のお客様であれば，自社のサービスや商品に好意的で興味を持つ可能性があります。例えば，飲食店やサービス業などの店舗型の事業であれば，店内にフランチャイズ加盟店募集のパンフレット設置やポスターの掲示を行うことで，コストをかけずに実施できます。

(2) 顧客紹介

税理士や公認会計士などの専門家は顧客から開業や新規事業に関する相談を受けることがあります。顧客の紹介を依頼し，事業説明会への案内をしてもらうことも考えられます。

(3) 自社ウェブサイト

見込み客がフランチャイズパッケージに興味を持ち，情報収集を開始した場合は自社のウェブサイトを見る可能性が高いため，フランチャイズパッケージに関する内容や運営する本部の企業情報を開示しておくことが重要です。

また，オウンドメディアなどフランチャイズや自社の事業に関連する情報サイトを運営し，ターゲットとする加盟見込み客へ情報発信する方法もあります。例えば，開業までの流れや必要な準備に関する情報，事業を運営するためのノウハウの紹介，実際にフランチャイズの開業で成功した事例の紹介など，様々なコンテンツを掲載することでフランチャイズへの加盟を検討している見込み客に対して情報提供を行い，自社のフランチャイズパッケージにも興味を持ってもらうことが可能です。

図表6-4　ウェブサイトに掲載する主な項目

項目	主な内容
フランチャイズパッケージに関する項目	概要，特徴，事業環境，収支モデル，加盟者の声・事例 加盟までの流れ，説明会スケジュール
本部に関する項目	概要，ビジョン，サポート体制

出典：筆者作成

(4) 広告・宣伝

フランチャイズ専門誌や独立支援をテーマとした専門誌は複数ありましたが，最近は休刊やウェブサイトでの情報発信に移行してきています。フランチャイズパッケージを多数掲載するポータルサイトは，多くの加盟希望者が情報収集に訪れることから広告としての効果は高いと考えられます。また，飲食業，小売業，サービス業などでは，業界誌も広告の掲載先の検討対象となります。

その他に，インターネットでの検索キーワードを元に広告を出すリスティング広告や細かく配信ターゲットの設定ができるSNS広告を利用することで，より具体的なターゲットに対して広告を出すことも可能です。ネット広告ではリンクをクリックした後にアクセスするウェブページとしてランディングページを準備します。ウェブサイトではすぐに離脱することが可能なため，加盟希望者がフランチャイズパッケージの説明まで見ない可能性があります。そのため，フランチャイズパッケージの特徴や差別化ポイントをわかりやすく目に留まるように表現するとともに，メディアでの掲載実績や既存加盟店の声などを紹介し，すぐに離脱しない工夫が必要です。ネット広告やランディングページの目的は見込み客を発掘することですので，資料請求や事業説明会などに誘引する問い合わせページへの導線も必要です。

図表6-5　主な広告媒体

媒体	内容
雑誌	フランチャイズや独立支援の専門誌がありましたが，ウェブサイトでの情報発信に移行するケースが多くなっています。その他に業界に特化した業界誌が掲載の検討対象となります。
ポータルサイト・比較サイト	多くの情報サイトが出ており，資料請求1件あたりの成果課金の料金体系や6か月など掲載期間に応じた料金体系などウェブサイトごとに異なります。
リスティング広告	ユーザーが検索するキーワードに対して広告を出す仕組みです。少額から予算を決めて広告を掲載することが可能ですが，入札により価格が決まるため検索数の多いキーワードは，入札価格が高くなる傾向があります。
SNS広告	SNSを利用した広告で，ターゲットの設定を細かくできる点やデータ収集と分析ができる点が特徴です。

出典：筆者作成

(5) パブリシティ

各種メディアに対してプレスリリースを行い，自社のフランチャイズパッケージを取材・紹介してもらいます。広告・宣伝と違い，費用があまりかからず大きな効果が期待できる点がメリットですが，プレスリリースを行ったとしても必ずしも取り上げてもらえるわけではないため，普段から広報担当者を決め，継続的に関連メディアへのアプローチを行うことが重要です。そのためには，常に最新情報はニュースリリースとしてまとめておき，ニュースリリースの配信先として，メディア関係の送付先リストを用意しておきます。

メディアに取り上げてもらうことで，客観的な視点で情報が提供されるため，パブリシティをまとめた資料を作成し，加盟希望者に対して自社のフランチャイズパッケージをアピールするためのツールとして活用することもできます。

(6) 展示会への出展

フランチャイズへの加盟希望者を対象とした展示会が年に数回開催されています。展示会に出展することで，多くの加盟希望者と直接の接点を持つことが可能になります。加盟希望者と個別のブースでの商談となりますので，事業説明書やパンフレットなどツール類の整備を十分にしておく必要があります。

展示会では大小様々な本部が横並びで展示されます。そのため，加盟実績の少ない本部は大手の本部と比べると見劣りする懸念があります。また，加盟希望者は効率的に多くの本部の情報を収集できるため情報収集レベルの参加者も多く，まずは事業説明会へ誘引していきます。

(7) ダイレクトメール

対象とする地域・業種・年商・資本金などの条件を元に作成されたリストに対して，ダイレクトメールを発送する方法です。ダイレクトメールの作成代行業者や発送代行業者を活用して送付を行います。

既存の取引先向けではないダイレクトメールでは，フランチャイズパッケージの知名度が低い場合は読まずに捨てられることも多いと想定されるため，広告・宣伝等により知名度を高める取り組みや，適切なターゲット設定により開封率を高める取り組みが重要です。

既存加盟店や他の施策からの問い合わせ状況などを確認し，加盟開発ターゲットの傾向分析を行います。絞り込んだターゲットについてのリストを作成，またはデータを購入しターゲットを明確にして施策を行う必要があります。電話でのアプローチも実施する場合は，電話用のトークスクリプトの準備なども行います。

(8) 営業代行会社

これからフランチャイズ展開していくフェーズなど，本部に加盟店開発営業を進めるための十分なリソースがない状況では，加盟店開発営業を代行する会社に業務の一部を委託することも考えられます。多くの営業ノウハウを持つ専門業者を活用することで，自社が独自で営業を進めるよりも効率的に加盟店開発を行える可能性もありますが，自社に加盟店開発業務のノウハウが蓄積されないことや高額な業務委託料がかかるなどの懸念点があります。また，営業代行会社は加盟希望者と契約をすることにより対価を得る契約が多いため，過剰な営業がないか確認することも必要です。面談については本部でもしっかりと実施することにより，自社が求める加盟希望者として適切であるかを確認することが重要です。

〈主な代行業務〉
- 法定開示書，フランチャイズ契約書の作成
- 加盟店開発計画の策定
- 出店計画の策定
- 加盟店開発ツールの作成（事業説明資料，パンフレットなど）
- 事業説明会の開催
- 加盟希望者の集客
- 契約業務

3. 加盟開発営業に活用するツールの整備

(1) 加盟開発営業に活用するツール

加盟開発営業の各ステップで目的ごとに利用するツールを作成します。

図表6-6　加盟店開発営業に活用する主なツール

目的	ツール
フランチャイズパッケージの説明	事業説明書・募集パンフレット
	加盟店募集用DVD・動画
	開業提案書
	パブリシティ集
	ウェブサイト
契約関連	法定開示書面
	申込書・契約書
管理ツール	加盟店開発営業マニュアル
	加盟店開発進捗管理表，加盟希望者管理表
	説明会実施要項，アンケート用紙

出典：筆者作成

(2) 事業説明書・募集パンフレット

事業説明書は加盟希望者から問い合わせがあった際の資料送付などで活用します。市場や事業の成長性や特徴，フランチャイズパッケージの持つ強みなどを記載し，加盟希望者に事業に対して興味を持ってもらうことを目的とします。その後に，事業説明会や面談へ案内し，詳細な内容を説明します。

有店舗型のフランチャイズでは，店舗内にフランチャイズ募集のパンフレットを設置することも検討します。店舗によく足を運ぶお客様が商品やサービスを気に入り，加盟を検討する可能性もあります。

図表6-7　事業説明書の主な項目

項目	内容
会社概要	所在地，資本金，株主，設立年月，代表者，売り上げ，店舗数，沿革　等
事業理念	事業理念
事業の特徴，強み	市場の動向，他社との違い
加盟条件	加盟金，保証金，ロイヤルティ　等
ビジネスモデル	初期投資額，損益モデル
開店までの流れ	開店までのステップ，スケジュール　等
本部のサポート内容	研修，開店後のサポート　等

出典：筆者作成

(3) 加盟店募集用DVD・動画

紙の資料と違い，映像であれば実際の店舗の様子や働いている方の様子を紹介することができます。例えば，現場での実際の作業の様子や既存の加盟者の声を紹介することで事業のイメージを把握しやすくなります。DVDとしての作成以外に，数分にまとめた動画を動画配信サイトへ掲載する本部も増えています。

(4) 開業提案書

契約に向けて手続きが進み，物件が決まった後に，本部が加盟希望者に対して店舗概要や損益シミュレーション，資金計画を説明するために作成します。加盟実績が少ないフェーズでは，損益シミュレーションを行うために必要な既

図表6-8　DVD・動画の主な項目

項目	内容
会社概要や事業理念	経営トップによる説明　等
事業の特徴，強み	市場の動向，他社との違いの説明　等
店舗の様子	店舗内装や環境，現場での作業説明　等
加盟者の声	既存の加盟店のインタビュー　等

出典：筆者作成

存店舗の情報が少ないため，十分な精度の売上予測ができないことが想定されます。この場合は現状の本部が所有している実績データからでは正確な売上予測を行うことが困難である点を加盟希望者にしっかりと伝えて理解してもらう必要があります。

図表6-9　開業提案書の主な項目

項目	内容
物件概要	所在地，坪数，商圏，競合の状況　等
資金計画	総投資額，加盟にかかる費用，開店にかかる費用，資金調達方法　等
収支モデル	売上高，収支予測　等

出典：筆者作成

(5) 法定開示書面

中小小売商業振興法の中で小売業と飲食業については，本部が加盟希望者に対してフランチャイズ契約を締結しようとするときには，事前に事業概要や契約の主な内容など重要な事項を書面にして，加盟希望者に開示することを求めています。また，日本フランチャイズチェーン協会はJAF開示自主基準として，中小小売商業振興法の適用対象か否かにかかわらず，法定開示事項を開示することを定めており，開示や説明の方法，契約締結までの熟考期間（7日以上）の設定などガイドラインを出しています。

(6) フランチャイズ契約書

フランチャイズパッケージごとにビジネスモデルは異なるため，典型的な契約書をそのまま利用するのではなく，内容を個別にカスタマイズしていくことが必要です。また，フランチャイズ展開していくフェーズやその本部の持つ機能に合わせて，適切な契約にする必要があります。

(7) 加盟店開発営業マニュアル

自社向けのツールとして，加盟店開発営業の各ステップにおいて実施する内容や確認する項目，必要な資料，対応する際のポイントなど，自社のフランチャイズパッケージに沿って，マニュアルを作成します。展示会や事業説明会などの準備手順や加盟店開発営業で利用する様々なツールの活用方法を標準化し，組織的な開発体制を整えることが重要です。

図表6-10　加盟店開発営業マニュアルの主な項目

項目	内容
告知活動	広告やパブリシティの対象リストや作成から掲載までのフロー，展示会や事業説明会の準備・運用手順や顧客対応方法　等
問い合わせ対応	ヒアリング項目やデータの管理方法，顧客へ案内する内容　等
資料送付	標準で送付する資料，資料送付の手順　等
加盟希望者フォロー	加盟希望者の見込みに応じたフォロー方法　等
商談	提示資料や説明すべき内容，営業での報告・管理内容　等
申込み	提示資料や説明すべき内容，申込金の受け取り手順　等
資金調達・与信	資金調達方法や金融機関への紹介フロー，必要書類　等
店舗開発	物件の情報収集，調査，契約手続き　等
契約	与信審査，契約書類の説明方法，契約手続き，スーパーバイザー等への引継ぎ　等

出典：筆者作成

第7章
出店戦略と商圏設定

1. 出店戦略・商圏設定の意義

店舗で提供する商品や店舗のオペレーションは状況に応じて変更することができますが，一度出店してしまった店舗の場所は，容易に変えられるものではありません。本部は「加盟店が成功するフランチャイズシステム」を提供する必要がありますので，どこに出店すれば成功の可能性が高いのかを熟知しておく必要があります。そして，成功しない立地への出店は原則，認めてはいけません。

とはいえ，仮に失敗した場合に一番影響を受けるのは，その出店を人生をかけて行う加盟店です。加盟店は本部の話を全て鵜呑みにするのではなく，その立地で成功することができるのかを自らの意思で判断し，自らの責任で出店を決意する必要があります。

店舗の命運を左右する出店をどのような基準で考えればよいのか，またフランチャイズビジネスが成立するための商圏をどのように設定すればよいかを以下で説明します。

2. 出店戦略・商圏設定の基本

(1) 出店戦略・商圏設定の基礎知識

出店を考える時には，来店客の視点，競合の視点など様々な検討が必要となりますが，そうした詳細な検討の前に，まず商圏について理解しておく必要があります。

① 商圏とは

商圏とは「店舗に顧客が来店することのできる地理的な範囲」のことを言います。

商圏分析を行うにあたって，まずは商圏を明確にすることが分析の第一歩となります。

商圏には大きく「実勢商圏」と「仮想商圏」がありますが，新規出店にあたっては，「仮想商圏」を設定します。

> 「実勢商圏」：顧客の分布をもとにした店舗の実際の商圏範囲
> 「仮想商圏」：同心円やアクセス時間/距離などで作成する仮想の商圏

② 1次商圏と2次商圏

集客力の強い範囲を1次商圏，次に強い範囲を2次商圏といいます。3次商圏など，さらに商圏を区分する場合もあります。

1次商圏は，半径○○m内を指す，などといった明確な定義はありません。参考例を示しておきます。

商圏設定例（1）＜距離をもとにした来店頻度による分類＞

- 1次商圏：最寄り品商圏。お客様がほぼ毎日来店する可能性のある範囲。徒歩で10～15分程度。
- 2次商圏：中間品商圏。週単位で来店する範囲。自転車で10～15分程度。
- 3次商圏：専門品商圏。月単位で来店する範囲。電車やクルマで30～40分程度。

商圏設定例（2）＜自店の顧客占有率による設定＞

- 1次商圏：全顧客の来店範囲の50～60％程度の顧客が占める範囲
- 2次商圏：全顧客の来店範囲の20～30％程度の顧客が占める範囲
- 3次商圏：全顧客の来店範囲の1次，2次商圏以外の範囲

商圏設定例（3）＜単純な距離による設定＞

- 1次商圏：半径1km程度の顧客が占める範囲
- 2次商圏：半径2km程度の顧客が占める範囲
- 3次商圏：半径3km程度の顧客が占める範囲

商圏設定例（4）＜移動手段別の時間をもとにした距離による設定＞

- 1次商圏：半径500m程度の顧客が占める範囲（徒歩5分程度）
- 2次商圏：半径2km程度の顧客が占める範囲（自転車5～10分程度）
- 3次商圏：半径5km程度の顧客が占める範囲（車5～10分程度）

③ ハフモデル

ハフモデルとは商圏分析の一つの手法です。ハフモデルでは，「出店した店舗の吸引率は，距離のλ乗に反比例し，魅力度に比例する」と考えられます。

図表7-1　ハフモデルの基本公式

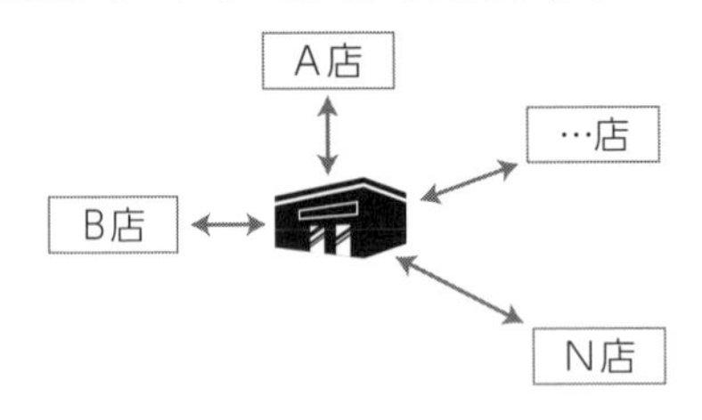

$$\text{A店の吸引率}=\frac{\dfrac{\text{A店の魅力度}}{\text{A店からの距離}^{\lambda}}}{\dfrac{\text{A店の魅力度}}{\text{A店からの距離}^{\lambda}}+\dfrac{\text{B店の魅力度}}{\text{B店からの距離}^{\lambda}}+\cdots\cdots+\dfrac{\text{N店の魅力度}}{\text{N店からの距離}^{\lambda}}}$$

（注）ディビット・ハフのハフモデル*を参考に作成。ハフモデルにおける「売場面積」を「魅力度」と読み替え。

出典：David L. Huff (1964) Defining and Estimating a Trading Area, Journal of Marketing, Vol.28, pp.34-38

λは，距離抵抗係数といい，距離が遠くなると足も遠くなる度合いを指します。例えば，最寄り品などはわざわざ遠くまで行って買いたくはないため抵抗は大きく（λは大きく）なりますが，嗜好品などは遠くても買いに行く抵抗は小さく（λは小さく）なります。

魅力度は，売り場面積が良く使われますが，その他にも下記のようなものが影響すると考えられます。

図表7-2　ハフモデルにおける魅力度の影響要因

- ●商品の魅力（希少度，ブランド，品ぞろえ，価格，飲食店なら味　等）
- ●営業時間
- ●接客，人間関係
- ●アクセス性（駐車場　等）
- ●快適性（ゆったりした空間　等）

④ 商圏・立地の見方

商圏の定義については前述のとおりですが，では出店する側として商圏・立地をどのように捉えればよいでしょうか。経済学などでマクロ，ミクロという言葉が使われますが，まずは視野を広く持ち，商圏というエリア全体をマクロの視点で把握します。次に，人の動き（動線）を見て，最後に店舗単体（地点）という視点からミクロに見ることが必要です。

1）商圏人口を把握する（バリアも確認する）

仮に図表7-3のような土地があったとします。あなたならどこに立地をするでしょうか?

これだけの情報で判断することは難しいですが，商圏，動線，地点という視点で見ていく流れは同じです。

まず商圏人口を把握します。図の①であろうが⑧であろうが，立地した店舗で収益を上げられるだけの商圏人口がいなければ，そのエリア内でどんなに良い立地を選んだとしても，立地は失敗だからです。

次に考えるのは阻害要因（バリア）です。仮に⑦の位置の立地を考えたとしましょう。商圏としてお客さんが来てくれるエリアはどこまででしょうか。簡単に考えると，半径何kmというエリアの商圏人口を把握しますが，ここでバリアを考えます。川の反対側まで行くためには，直線距離が近かったとしても

図表7-3　商圏検討図

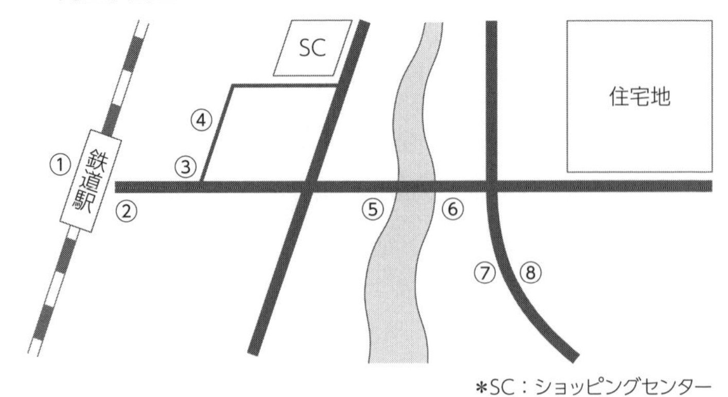

出典：筆者作成

時間がかかります。バリアによって，距離は近くても商圏としては見込めない場合があるのです。物理的に行き来が阻害されるバリアだけではなく，心理的なバリアもあります。鉄道の線路，交通量の多い幹線道路などもバリアとなりやすいものです。

2）動線を押さえる

十分な商圏人口がいることがわかれば，次は動線を考えます。動線とは，人の動きを線で表したものです。どこを人が動く（通る）かがわかれば，多くの人が通る立地は一つのねらい目です。

動線を把握するには，その出どころをつかむ必要があります。上図の例で言うと，鉄道駅，SC，住宅地などは人の流れが発生する出どころとなります。そうしたところを繋ぐことで動線がどこになるかを把握するのです。

3）地点を詳しく見る

最後に立地する地点を詳しく見ていきます。上図の③にするのか，⑤にするのか，はたまたその他にするにしても，それぞれの立地を比較して検討します。検討する項目としては各地点の，通行量，視認性，アクセス性（入りやすさ），などです。詳しくは後述します。

⑤ ドミナント戦略

多店舗展開にあたっては，ドミナント戦略を取ることができるかも重要な要素となります。

1) ドミナント戦略とは

ドミナント戦略とは，フランチャイズ展開に際して地域を特定し，その特定地域内に集中した店舗展開を行うことで経営効率を高める戦略のことです。地域内でのシェアを拡大し，優位に立つことを狙うことができます。

ドミナント（dominant）とは英語で，「支配的な」「優勢な」「優位に立つ」といった意味を持っています。

2) ドミナント戦略のメリットとデメリット

ドミナント戦略を取ることにより，次のようなメリットとデメリットがあります。

図表7-4　ドミナント戦略のメリット

- ドミナントエリア（地域）の持つ商圏特性をもとに，適正な店舗モデルを準備することが標準化となり，（標準化されたモデルで）出店費用を削減することができる。
- 配送センターを基点にして一定の距離に出店していることにより，効率的な配送ルートが設定できるため，物流費の削減効果が得られる。
- チェーン店の経営指導にあたるスーパーバイザーが効率よく個店を巡回でき，経営指導の生産性が向上する。
- 広告宣伝を全国規模でなく，出店している地域に絞って行うことができるため，広告宣伝費を削減することができる。
- 集中出店している地域での知名度が高くなり，同時に競合の出店意欲を抑える効果も期待できる。

図表7-5　ドミナント戦略のデメリット

- 店舗同士の商圏が重なるために，顧客の奪い合い（競合）が発生する。
- ドミナント出店による加盟店の損益の悪化等を招く場合に，出店時の契約内容によっては，本部の行為が優越的地位の濫用と見なされる可能性がある。

(2) 出店戦略・商圏設定の進め方

次に，出店戦略・商圏設定をどのように進めればよいかを説明します。

出店戦略・商圏設定は，出店戦略の分類→商圏設定→出店基準の設定という流れで進めます。

① 出店戦略の分類

多店舗化の目的を再確認し，多店舗化の分類，ドミナント戦略の有無，店舗分類によって，戦略を明確化します。

② 商圏設定

商圏設定にあたり，コンセプトとターゲットを今一度確認します。それによりターゲット顧客という商圏属性を明確にしたうえで，自社で出店が可能な商圏人口と出店可能なエリアを設定します。

③ 出店基準の設定

投資回収期間や商圏人口といったクリアすべき出店基準を設定し，以後はその基準に従って出店を行っていきます。なお，出店基準を作るにあたっては，商圏分析などの立地分析の知識が必要となるため，その手法もあわせて説明します。

全体の流れを理解したうえで，次からはそれぞれの具体的な手法について見ていきます。

3. 出店戦略・商圏設定の手法

(1) 出店戦略の分類

何事においても戦略を立てることは，まず重要です。具体的な商圏設定に入っていく前に，まず出店戦略を整理します。

① 多店舗化の手法と目的の再確認

多店舗化を目指す場合は，契約形態別，業種・業態・商品による多角化の有無別で，いくつかの方法があります。

図表7-6　多店舗化の分類（契約形態別）

直営店	コントロールは一番効くが，展開に時間と資金が多く必要
フランチャイズ契約	少ない資金で，素早い展開が可能
従業員へののれん分け	商標権の使用や商品の提供，店舗運営面の支援などで従業員の独立を支援

出典：筆者作成

図表7-7　多店舗化の分類（業種・業態・商品による多角化の有無別）

多角化なし	同業種・同業態・同商品で多店舗化する
水平的多角化	同業種・同業態でも，商品・サービスを変えて展開する（ex.和風居酒屋→洋風居酒屋）
垂直的多角化	同商品・サービスでも，販売方法を変えるなど業種・業態を変えて展開する（ex.飲食→小売）
集中的多角化	これまでの商品・サービス等のうち，さらに一部分に集中して展開する（ex.総合アパレル→子供服）
集成的多角化	全く異なる業種・業態・商品の分野で展開する（無関連多角化に近い）（ex.本屋→飲食）

出典：Ansoff, H.I. (1957) “Strategies for Diversification,” Harvard Business Review, vol.35, no.5, Sep/Oct, pp.113-124.（DIAMONDハーバード・ビジネス・レビュー編集部編訳『戦略論1957～1993』ダイヤモンド社，2010年，pp.3-38）を参考に筆者作成

ここであらためて考えておきたいのは，多店舗化の目的です。多店舗化する目的は何なのか？　目的によって上記の手法は変わってくるかと思います。

また，そのよりどころとなる経営理念やビジョンも合わせて整理しておきましょう。次節の店舗コンセプトやターゲットの設定にも大いに役立ちます。

② ドミナント戦略の有無

ドミナント戦略を取るか，取らないか，によって出店戦略が大きく異なります。

例えば飲食店などのように「商圏が狭く，仕入れなどの物流が頻繁に発生す

る店舗」であれば，ドミナント戦略によるメリットが大きくなります。

ドミナント戦略を取る場合は，展開するエリアや店舗数の目標を決めて，戦略を練ります。一方，ドミナント戦略を取らない場合は，近隣のエリアに限る必要はなくエリアの選択肢は広がりますが，どういったエリアで展開をするのかは決めておく必要があります。また，その場合の移動コストや，未開の地であることによる様々なリスクなどは十分に考慮した上で，出店エリア（基準）を決めておきます。

③ 店舗分類による戦略の違い

店舗分類によっても戦略は異なります。業種，業態（サービス提供方法），地域属性（都心型，郊外型等）について分類します。

1）業種

小売，飲食，スクール，介護，フィットネスなど，業種によってターゲットも異なれば，商圏も全く異なります。

2）業態（サービス提供方法）

例えば同じ小売業でも業態により全く異なります。どこにでもあって商圏の狭いコンビニと，自動車など高単価の商品販売では，ターゲットと商圏が異なります。

同じ飲食業でも，テイクアウトやデリバリー重視の店舗，イートイン中心の店舗では，ターゲットと商圏が異なります。

3）地域属性

車での来店頻度が多い郊外型の店舗と，徒歩や近隣のビジネスマン，駅利用者などの来店頻度の多い都心型の店舗では，商圏は全く異なります。

地域属性としては，都心型，郊外型，ロードサイド型，ショッピングセンター型，などがあります。

(2) 商圏設定と立地分析

出店戦略が明確になったら，次に商圏設定と立地分析を行います。

① コンセプトの重要性と考え方

コンセプトのない店舗の場合，多店舗展開される店舗間で統一感も尖りもなく，記憶に残らない，魅力のない店舗になってしまいます。また出店にあたっても判断基準があいまいになり，都度，判断基準を考える労力がかかってしまいます。コンセプトのない店舗は魅力がないため，売上も低迷することになります。

まずはフランチャイズブランドのコンセプトが既にあると思います。コンセプトが明確であれば問題ありませんが，出店戦略と合わせて，今一度確認しておきます。次に店舗ごとのコンセプトを明確にします。店舗の独自性をどこまで出していくか，許容するかについては，各フランチャイズで異なりますので，その範囲内で考えていくことになります。

ターゲットとコンセプトは密接に結びついています。ターゲットから考えることもありますが，基本的にはターゲットを含めてコンセプトを考えることになります。

② ターゲットの重要性と考え方

商圏分析時に，周辺人口などはとても重要な要素となりますが，ターゲット顧客にならない人口が多くいても何の意味もありません。ターゲット顧客を明確に設定する必要があります。

フランチャイズ展開をするにあたっては，ターゲットセグメンテーションが大前提となります。

ターゲットセグメンテーションの例としては，次のようなものがあります。

図表7-8　ターゲットセグメンテーションの例

ジオグラフィック （地理）	地域，地形，気候，高度など，**地理的な要素**による分類 例：○○県内，○○市内，温暖な気候の地域，10cm以上の積雪のある地域など
デモグラフィック （人口動態）	年齢・世代，性別，職業，所得，学歴，家族構成，国籍，勤務先，など**人口動態**に基づく分類
サイコグラフィック （心理）	価値観，趣味趣向，関心，ライフスタイル，パーソナリティ，求める利便性，など**心理的な要素**による分類
行動	利用（使用）頻度，利用時期（曜日，季節），店舗ロイヤルティ，購買量，利用経験の有無，行動履歴など，**行動特性**に基づく分類

出典：Kotler, P. (2001) Marketing Management: A Framework for Marketing Management 1st ed., Prentice-Hall.（フィリップ・コトラー著，恩蔵直人監修，月谷真紀訳『コトラーのマーケティング・マネジメント基本編』ピアソン・エデュケーション，2002年，pp.181-188）のコトラーの分類をもとに筆者作成

③ 商圏属性（商圏の質）の考え方と商圏人口の把握

②で述べた通り，商圏人口がただ多いだけではダメで，商圏属性（商圏の質）を考える必要があります。つまり，商圏に住む人の属性や，ターゲット顧客が行動する範囲から商圏を分析する必要があります。

図表7-9　商圏属性を捉え損ねた失敗例

- 商圏人口が徒歩10分圏内に相当数いたので出店したが，ベッドタウンで昼間は全く人が来なかった
- 商圏人口が徒歩10分圏内に相当数いたので出店したが，低所得者層が多く，高級品が全く売れなかった
- 商圏人口が徒歩10分圏内に相当数いたので出店したが，車での外出がほとんどで，全く立ち寄られなかった
- 店前歩行者通行量が相当数いたので出店したが，サラリーマンの通行量がほとんどで，嗜好品が伸び悩んだ
- 店前歩行者通行量が相当数いたので出店したが，学生がほとんどで，高単価商品が伸び悩んだ
- 商圏にファミリー世帯が多いので，生鮮食品店を出店したが，共働きが多く，販売が伸び悩んだ

出典：筆者作成

図表7-10　代表的な商圏属性による傾向

①	オフィス街	・サラリーマンが多く，通勤目的の通行の場合は，**通行量があっても消費につながりにくい。** ・昼間人口が多くなり，ランチ時間帯の需要は高いが，**時間帯が集中**し，場合によっては夜の需要を掴むことも難しい。
②	商業地・レジャー施設周辺	・買物や，趣味・娯楽目的，また無目的で散策するなど，**財布のひもが緩みやすい**状態が多くなる。
③	学生街	・学生に合わせた料金設定の工夫が必要。 ・長期間の休みにも注意が必要。
④	住宅街	・**生活に密着した商品・サービス**が求められる。 ・世帯状況によるが，**平日の昼間人口が少なく**，注意が必要。

出典：筆者作成

④ 商圏設定

商圏設定とは，出店可能となる商圏人口を設定し，出店可能なエリアを設定することです。

商圏設定から立地分析（商圏分析等）は，次のような流れで行います。

図表7-11　商圏設定と商圏分析の流れ

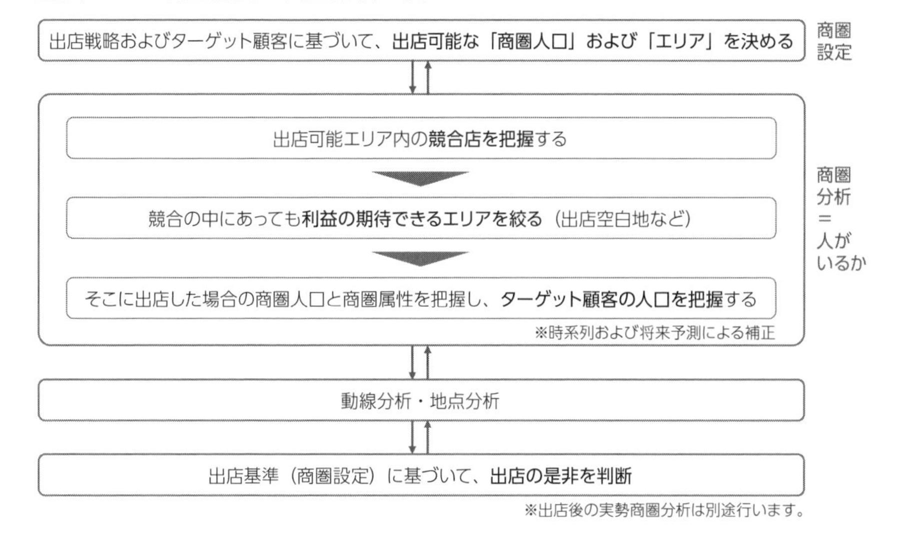

出典：筆者作成

⑤ 商圏分析

立地分析は商圏分析から行います。商圏分析の結果によっては，商圏設定を見直す場合も出てきます。

1）商圏分析の方法

商圏分析では以下の項目を分析します。今は便利な分析ツールもありますので，有効に活用します。しかし，そうした分析ツールや統計データだけでなく，自分の目で現地を確かめることがとても重要です。また分析ツールだけでは不足する統計データなどがありますので，それらは別途調査します。

a. 商圏人口

まずは商圏人口を把握・分析します。先に述べた通り商圏属性を把握し，ターゲット顧客の人口を調査もしくは推測します。5歳刻みなどの年齢階層別人口，男女，世帯状況（何人世帯か，持ち家状況，など）は基本として押さえておくべき情報となります。

b. 産業状況

商圏人口には昼間人口と夜間人口があります。また，産業によって消費等の傾向も異なります。そのため，産業別の事業所数，従業員数は重要な情報となります。

c. 地域別状況

上記の商圏人口，産業状況等について，地域別に調査・分析します。商圏内でもターゲット顧客の多い地域，少ない地域など，地域別に状況が異なります。町丁別，メッシュ別など，地域の単位を設定して調査・分析します。

d. 競合

自店の周辺，もしくは商圏内に競合がどの程度いるかを把握します。

この時注意が必要なのは，商圏内に自店と競合の2店舗があった場合，商圏人口を単純に半分にするわけではなく，動線などの立地条件によって，全く売上が異なってくるということです。

競合になるかどうかを判断する基準としては，自店のシェアが確認できる業種・業態のものを対象とします。

また，他店の競合だけでなく，同チェーンの店舗についても競合と考えます。特にドミナント戦略を取っている場合は，商圏が被りますので，注意が必要です。

e. 商圏を分断する阻害要因（バリア）

商圏人口が大きくても，商圏を分断する阻害要因（バリア）がある場合は，実際に商圏人口が来店する確率が非常に低くなります。

バリアの例としては，河川，線路，幹線道路などがあります。それぞれの状況によっても影響は大きく変わってきますので，状況に応じて補正をする必要があります。

f. 交通量（通行量）調査

出店候補地の前を通る交通量がどのくらいかを測定し，記録します。メインは徒歩の交通量（通行量）ですが，ロードサイド型店舗の場合などは，車の交通量がメインの調査対象となります。また，自転車やバイクなどの交通量も調査します。

既に商店街や行政で調査をしていれば，それも活用しますが，一度は必ず自分の目で見て確かめます。数字としての交通量だけでなく，どのような層の人や車種の交通量なのか，またその地域なりの特徴も，現地で実際に調査することで見えてきます。

g. 駅利用者（乗降客数）

駅近くの店舗や，駅を利用する人の利用を見込む店舗の場合は，駅の乗降客数も大きなポイントとなります。乗降客数はJRほか各交通機関が公表していますので，それらを入手します。

乗降客数が多くても，店前交通量が少ない場合もあります。出入口の位置なども重要な要素になりますので，乗降客数，駅出入口の位置，店前通行量はセットで把握しておく必要があります。

h. その他の情報

ターゲット顧客人口を把握するために必要な情報は，ターゲットごとにそれぞれ異なります。それぞれに必要になる情報を集めます。

2）商圏分析ツール

商圏分析には商圏分析ツールを使用すると便利です。機能も含めて様々な種類のものがありますが，ここでは国が運用しているjSTAT MAPをご紹介します。

jSTAT MAPとは，地図情報を元にした地域分析ツールです。政府統計ポータルサイトである「e-Stat」のサービスの一つで，誰でも無料で使用することができます。

商圏内人口・世帯の基本的な属性や，500mメッシュでの人口増減など，無料ながら一定の機能が備えられています。

図表7-12　jSTAT MAPによる分析結果例

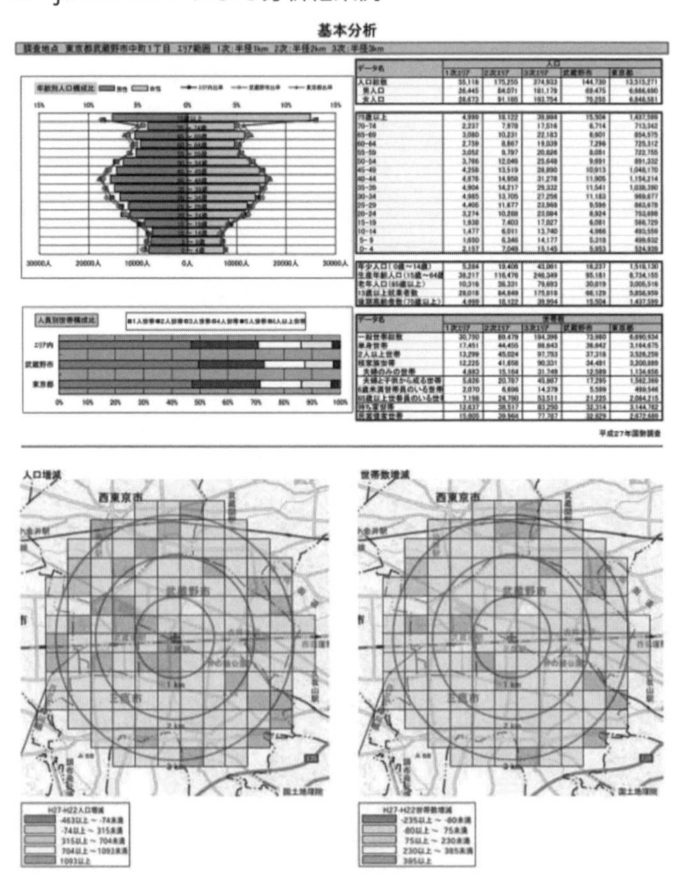

データ名	人口				
	1次エリア	2次エリア	3次エリア	武蔵野市	東京都
人口総数	55,118	175,255	374,933	144,730	13,515,271
男人口	26,445	84,071	181,179	69,475	6,666,690
女人口	28,673	91,185	193,754	75,255	6,848,581
75歳以上	4,999	18,122	39,994	15,504	1,437,599
70～74	2,237	7,978	17,516	6,714	713,342
65～69	3,080	10,231	22,183	8,601	854,575
60～64	2,759	8,867	19,039	7,296	725,312
55～59	3,052	9,797	20,828	8,051	722,755
50～54	3,766	12,046	25,648	9,691	891,332
45～49	4,258	13,519	28,890	10,913	1,046,170
40～44	4,876	14,958	31,278	11,905	1,154,214
35～39	4,904	14,217	29,332	11,541	1,038,390
30～34	4,985	13,705	27,256	11,183	969,677
25～29	4,406	11,677	23,968	9,596	863,678
20～24	3,274	10,288	23,084	8,924	753,498
15～19	1,938	7,403	17,027	6,081	566,729
10～14	1,477	6,011	13,740	4,966	493,559
5～9	1,650	6,346	14,177	5,318	499,632
0～4	2,157	7,049	15,145	5,953	524,939
年少人口（0歳～14歳）	5,284	19,406	43,061	16,237	1,518,130
生産年齢人口（15歳～64歳）	38,217	116,476	246,349	95,181	8,734,155
老年人口（65歳以上）	10,316	36,331	79,693	30,619	3,005,516
15歳以上就業者数	28,018	84,849	175,818	66,129	5,858,959
後期高齢者数（75歳以上）	4,999	18,122	39,994	15,504	1,437,599

データ名	世帯数				
	1次エリア	2次エリア	3次エリア	武蔵野市	東京都
一般世帯総数	30,750	89,479	184,396	73,960	6,690,934
単身世帯	17,451	44,455	86,643	36,642	3,164,675
2人以上世帯	13,299	45,024	97,753	37,318	3,526,259
核家族世帯	12,225	41,658	90,331	34,491	3,200,889
夫婦のみの世帯	4,883	15,164	31,749	12,589	1,134,656
夫婦と子供から成る世帯	5,826	20,787	45,987	17,295	1,542,369
6歳未満世帯員のいる世帯	2,070	6,696	14,379	5,599	499,546
65歳以上世帯員のいる世帯	7,198	24,790	53,511	21,225	2,084,215
持ち家世帯	12,637	38,517	83,290	32,314	3,144,762
民営借家世帯	15,800	39,964	77,787	32,829	2,672,680

出典：jSTAT MAP（https://jstatmap.e-stat.go.jp/）による分析結果

⑥ 動線分析

商圏分析の次は，動線を分析します。商圏が仮に同じであったとしても，動線および立地地点の状況によって売上は全く異なります。

1）周辺のコア施設（集客ポイント）

出店する店舗の周辺に，コア（核）となる集客施設があります。交通発生源などとも呼ばれ，鉄道駅などの交通結節点や，大型の商業施設などです。放っておいてもその施設が集客をしてくれるので，その集客力を活かさない手はないでしょう。

また，そうしたコア施設からの動線を意識して立地を考える必要があります。

車での来店を見込む郊外型などの場合は，インターチェンジや駐車場なども同じようにコア施設と考えます。

2）動線

鉄道駅などのコア施設がとても重要という話をしましたが，ではコア施設に近ければ必ずしも良い立地かというとそうではありません。

例えば駅前でもほとんど人が通らない立地もあるからです。

そうした立地を避けるためには，動線を意識する必要があります。

コア施設の出入り口はどこなのか，コア施設とコア施設を結ぶ動線はどこなのか，ターゲット顧客のような属性の人はどのような動線を通るのか，など動線を意識して立地を考えます。

⑦ 地点分析

動線分析に続いて，立地地点の分析を行います。

1）通行量と属性

先の交通量調査でも少し述べましたが，店舗前の通行量によって大きく売上が左右されます。単純な通行量だけではなく，ターゲットとしている顧客層の通行量および通行者の属性も把握します。通勤・通学など速い速度で通過する場合は，通行量があっても来店率が低くなりますので，注意が必要です。

通行量は，平日と土日，時間帯によって異なりますので，それぞれ調査します。また，天候や時期，特別なイベントの有無などによっても変化しますので，調査時の通行量に大きな変化を生じさせる特殊要因がなかったかは把握しておくことが必要です。

2）視認性

店舗が見えるかどうかの視認性も重要です。

店舗の前に通行量が多くあったとしても，見えにくい状態にあった場合は，来店率がかなり低下します。例えば，植栽や看板など物理的な障害物がある場合や，店舗の建物が道路境界線から後退している（セットバック）している場合，カーブなどで見えにくい場合や，間口が狭い場合などです。

店舗前や交差点などに，自店に誘導する看板が設置できるかどうかも，視認性に影響してきます。また，間口が狭い場合など，ファサードを工夫することで視認性を高めることができるので，共同ビルなどの場合はそうした工夫を建物に施すことができるのか，建物所有者（管理者）に事前確認することが大切です。

視認性は，店舗前の通りからの視認性もありますが，駅などのコア施設からの視認性，通行量の多い通りや交差点からの視認性なども考慮する必要があります。店前通行量が少ない立地でも，メイン通りからの視認性が良い場合は，顧客の来店が見込めます。

車での来店を見込む場合は，直前の視認性が良くても急に入ることはできないため，100m程度は手前から視認できることが重要です。

3）アクセス性（入りやすさ）

視認性が良くても，入りにくい状況や雰囲気のある店舗は，来店率が低下します。

一般に1階の店舗が一番入りやすく，2階，地下，さらにそれ以上の階になると，アクセス性が悪く来店率が低下します。階数だけでなく，段差や障害物など物理的な障壁によるアクセス性の低下もあります。店前の歩道が狭い場合や，間口が狭い場合もアクセス性は低下します。共同ビルの場合は，自店へのアクセスが他店と共通なのか，自店専用のアクセス通路があるのかによっても大きく異なります。

車での来店を見込む場合は，駐車場に入りやすい構造になっているかどうかも重要です。前面道路が狭い場合や，駐車場の入り口が狭い場合などは注意が必要です。

(3) その他，出店時に押さえるポイント

商圏分析，動線分析，地点分析と見てきましたが，その他に出店時に押さえておくべきポイントについて記します。

① 固定費の抑制

一般に通行量や視認性が高く，高い売上が見込める立地を最優先に考えてしまいがちですが，利益が上がる立地を優先に考える必要があります。つまり，売上だけでなく，費用（固定費）をいかに抑えられるか，という視点も重要です。

固定費の最たるものは家賃ですので，まず家賃を基準に費用対効果の一番高い立地を考えます。また，設備条件や居抜き物件の活用も固定費に大きな影響をもたらします。

② 設備条件

設備条件を満たしていないと，大きく手を入れなければいけない場合があります。設備費用は高額になりがちなので，現行の設備で入居できるのか，設備変更が必要なのかについては，最初に確認しておく必要があります。

確認する項目としては，ガス容量とガス配管径（火力が必要な場合など），排気量，電気容量と契約形態，などがあります。

③ 居抜き物件の活用

居抜き物件を活用することでイニシャルコストを大幅に抑えることができます。

ただし，居抜き物件（残置物件）のデメリットと比較して検討する必要があります。店舗閉鎖跡というマイナスイメージや，コンセプトに合わない外観・内装・レイアウト，そもそも退店に陥った立地環境などを検討することが重要です。

④ 店舗設計時の注意点

単純に必要な床面積と家賃だけで物件を判断しないように注意が必要です。同じ床面積でも，柱や壁の位置などによって，使い勝手ひいては売上に大きく影響してきます。また，ファサードに手を入れることができるのか，といった点も重要です。入居契約前に所有者（管理者）に確認しておく必要があります。

⑤ 従業員採用の可能性

多くの来店が見込める店舗だからといって，必ずしも良い物件とは限りません。

多くの来店があっても，それに対応できる従業員を確保することができるかは別問題です。例えば，学生のアルバイトが全く期待できない地域や，高所得者層が多くパート・アルバイトの確保に苦労する地域など，近隣で従業員が確保できるかについては，事前の検討が必要です。

⑥ ベンチマークとする店舗

競合ができるだけ少ない地域に出店することはシェアの獲得の意味で非常に重要ですが，逆にあえて競合のいる地域に出店するという戦略もあります。ベンチマークとなる競合店舗を決めて，その周辺に立地することで，一定のシェアの獲得が容易にできる場合があります。競合が出店しているということは，一定の需要があるということであり，こうした戦略が成り立ちます。

裏を返すと，競合がいない地域への出店は注意が必要です。本当に需要がある地域で競合がいないのであれば，その需要を独り占めできますが，競合が出店していないということは，そもそもその地域に需要がない可能性があります。

⑦ ドミナント戦略の注意点

ドミナント戦略ではどうしても商圏の重なるところが生じます。新規出店による既存店への影響に配慮することはもちろんですが，その点に配慮するあまり別の競合店に出店されることは避けなければいけません。物流効率などを含めて，あらかじめ将来の出店計画を想定しておくことが必要です。

(4) 出店基準（ルール）の決め方

出店戦略の要である「出店基準（ルール）」を決めて，基準に従って本部および加盟店は出店を判断します。

① 出店基準の考え方

場当たり的に出店を判断していては，成功の確率が低くなりますので，しっかりとした戦略を立てます。出店戦略の肝は，「出店基準を決めること」です。基準がないと，あとでなぜ成功したのか，失敗したのかの検証ができないため，次の成功につながりません。また，効率が悪く，判断に時間がかかります。

多少の下振れがあっても利益が出るように，予測の段階で「一定の利益率」を設定し，投資回収期間を設定します。設定期間より短期で回収できる場合は出店する，などのように基準を設定しておくと，非常にシンプルで判断に迷いません。後はその精度をいかに高めていくか，です。

また，利益は度外視して，ブランディングや経営効率化の観点から，利益率に拠らずに出店する場合もありますが，その場合も，出店目的を明確にして，「利益率以外の（短期的収支に拠らない）出店基準」を明確にしておく必要があります。

図表7-13　出店基準の考え方

出店基準は厳しく見ること
●知人からの紹介や，ビジネス上の付き合い，安い家賃など，自ら探さなくても出店場所が持ち込まれてくることがあります。そうした時に，つい出店してしまう時がありますが，そうした時こそ厳しく収支を見るべきです。 ●こうした案件に対して，自社にとって有益になるように，かつ迅速に判断を下すためにも，出店基準を明確にしておく必要があります。
出店基準の変更は可能であること
●１店目から「これだけは譲れない」というような基準を設定することは大切ですが，店舗が増えていくに従って**内部環境が変化したり，外部環境も変化したり**します。また，店舗が増えるに従い，**収支に影響を与える要因が明確になる**ため，収支を上げるための出店基準が明確になってきます。 ●そのため，「1度出店基準を作ったら変えない」ということではなく，**出店基準は状況に合わせて変えていく**ことが重要です。良くないのは，基準もなく直観や周囲の勧めに従って出店してしまうことや，出店基準の例外を作ってしまうことです。

出典：筆者作成

② 出店基準の決め方

本部の出店基準については，原則，加盟店の投資回収期間を元にして設定します。

1）投資回収期間

まず行う検討は，投資回収期間の検討です。何年で初期投資を回収するべきかを，まず決めます。

2）その他の検討項目

その他に検討し，基準として定めておくべき項目としては，次のようなものがあります。まずフランチャイズのブランドイメージ，ターゲット顧客などを明確にすることで，これらの基準を明確にすることができます。また，最初から完璧なものを作ることはできません。最初に作ったものを運用しながら修正し，精度を高めていくことがとても重要です。

a. 商圏人口

業種業態により出店に必要な商圏人口は概ね定まりますので，最低限の商圏人口を設定しておきます。

b. 出店エリア

駅前立地なのか，住宅街立地なのか，ロードサイド立地なのか，を決めます。

どのエリアは許容して，どのエリアは出店を禁止するのかを明確にします。

c. 収支影響要因

動線分析や地点分析で見た「周辺のコア施設，動線，通行量，競合，視認性，アクセス性」などで必要なものについて設定します。

d. 短期的収支に拠らない条件

原則は短期的な収支をもとに，投資回収期間をクリアする出店基準に沿いますが，短期的収支に基づかずに長期的な利益のために判断する基準もあります。

経営理念に基づいて，収支と関係なく「これだけは先代の教えとして守る」といったような例です。例えば，「北海道の人々に愛される商品づくり」を目指している企業が，いくら利益が出るとは言っても，首都圏には進出しない，といったような場合です。

また，広告塔の位置づけで一等地に出店する場合なども，当てはまります。ただし，その場合は広告価値を換算して，どこまでの赤字を許容するか，など基準は明確に決めておく必要があります。

図表7-14　出店基準例

	項目	内容（例）	考え方
与件	ブランド名	○○屋	展開するブランドごとに基準を考える
	ターゲット顧客	30～50代の女性で、○○に住み、…	セグメントされた顧客層を記載
	経営理念・ビジョン	○○に○○を広める	経営理念やビジョンなど指針となるものを記載
出店基準	投資回収期間	3年以内	投資回収期間を設定
	商圏人口	5万人以上	出店に必要となる商圏人口を設定
	出店エリア	○○地域内の、都心型店舗（駅徒歩○○分）	ドミナント戦略等に基づき、出店地域を設定。都心型、ロードサイド型、SC内などの区分を設定
	収支影響要件	1階部分限定、店前通行量1万人/日以上、…	出店時のポイントである「周辺のコア施設、動線、通行量、競合、視認性、アクセス性」などで必要な箇所を設定
	短期的収支によらない条件	赤字金額以上の広告価値がある場合	長期的視点や全店、全社への影響などから、個店単独の短期的収支によらない基準を設定。物流要件もここに該当

出典：筆者作成

(5) 損益計画の作り方（収支予測）

加盟店の損益計画（収支予測）を作り，その投資回収期間が出店基準を下回れば，出店を行います。

加盟店は，正確な損益計画を作成するノウハウを持たないことが多くありますので，本部はその作成をサポートします。本部は，加盟店の損益計画をもとに，本部としての損益計画を作成します。

加盟店は本部のサポートを受けて損益計画を作成しますが，本部任せにするのではなく，自らの責任で出店を決意する必要があります。

① 売上予測の考え方

商圏人口・商圏属性や出店時にポイントとなる「周辺のコア施設，動線，通行量，視認性，アクセス性」などの立地条件を踏まえて，売上予測を立てます。

いくつかの考え方がありますが，複数の考え方で相互にチェックすることが理想です。

1）マクロで考える

商圏人口から，市場規模と自店のシェアを考慮して，試算します。

売上予測＝「商圏内の市場規模×自店のシェア（吸引率）」

※「ハフモデル」（p.136）を参照

2）ミクロで考える

基本的な公式は，売上予測＝「客単価×客数」で考えますが，業種や業態，商品・サービスの違いによって，実際にはそれぞれの要素を分解して詳しく見ていく必要があります（※下記，計算例参照）。

ex. 客　数＝席数×満席率×稼働率（回転率）
客　数＝新規顧客数＋リピート顧客数
客　数＝アプローチ数×顧客獲得率（営業効率）×平均リピート回数
客　数＝顧客数×来店頻度
客単価＝1個当たり単価×個数

3）競合との比較で考える

競合店の立地，商品・サービス力などを把握し，自店と競合店を比較することで，それぞれの吸引率を比較し，売上を予測します。

売上予測＝「競合店の売上×自店の吸引率÷競合店の吸引率」

4）自店の実績から考える

自店の売上実績をもとにして，売上予測モデルを作成します。

商圏分析や動線・地点分析などにより，自店の売上を良くする要因（自店の売上に影響を与えているファクター）を探り仮説を立てます（※例：店前通行量，周辺の○○施設　など）。

重回帰分析によって，それぞれのファクターが与える影響度を計算します。計算式を作成し，新店のそれぞれのファクターを入力することによって，自動的に売上を算出します。

予測が外れた場合は，その原因を探り，計算式を修正していくことで，より精度の高い計算式になっていきます。

② 損益計画の作成と資金繰り表の作成

上記の①を踏まえて，損益計画を作ります。

加盟店の収支が黒字であったとしても，加盟店の資金繰りがうまく行かない時があります。特に借り入れが多い場合は，月々の返済金額も多くなりますので，それ以上の黒字を出していかないと資金がショートしてしまいます。また新しい投資を行う場合，季節変動により仕入れが多く発生する場合，売上債権の回収期間が長い場合などは注意が必要です。

損益計画だけでなく，資金繰り表も必ず作成します。

(6) 閉店時の考え方

これまでの日本のフランチャイズ契約においては，閉店を前提にしておらず，加盟店が閉店をしたくてもできない状態となっていることが多くあります。本部および加盟店のWIN-WINを考えれば，閉店基準および閉店のシナリオを作成しておく必要があります。

図表7-15　閉店基準の考え方

- フランチャイジーの立場で考えた時に，赤字で経営を続けていくことは自らの資産を減らし続けることに他なりませんので，**将来的な回復（黒字化）の見込みがないのであれば，すぐにでも閉店をすべき**です。
- 一方で，フランチャイザーの立場で考えた時に，赤字の魅力のない店舗が存続し続けることは**ブランドイメージの低下**につながります。また，赤字のフランチャイジーを存続させ続ける事業を行っているということは，企業が存続する社会的意義がありません。
- 一つの例ですが，最低限のフランチャイジーの報酬基準を設定し，「**経営改善の取り組みを続けても5年以上赤字が継続するようであれば閉店する**」といったような合意を，FC契約に盛り込むことも検討します。
- また，フランチャイジーが高齢や病気などで事業継続が困難になることもあります。**そうした場合の事業承継制度**を考えておくとともに，閉店基準として明確にしておく必要があります。

出典：筆者作成

第8章
人材育成

1. はじめに

この章ではフランチャイズビジネスにおける「求められる人材像」とその「人材育成のポイント」について，フランチャイザーの視点から基本的な考え方，本部の職能分化，キャリアプランの設計の概要について説明していきます。

2. フランチャイズビジネスで「求められる人材像」

フランチャイザーのビジネスを成功させるためにはコンパクトな本部構造を創ることが重要な要素となります。少数の社員で収益を実現できる組織作りです。そのためには，生産性の高い社員の育成が重要な要素になります。

本部の運営コストが高いとそのコストは加盟金やロイヤルティ，システム使用料などの名目でフランチャイジーが負担するため，フランチャイジーのコストの増加を招きます。このコスト増加はフランチャイジーにとっての収益性の低下を意味するもので，そのままフランチャイジーの事業リスクを増加させる要素となります。

フランチャイズビジネスが「まず加盟店が成功して，その後で本部が成功する」ビジネスであると考えれば，加盟店の事業リスクは極力小さくする事が必要ですし，フランチャイズビジネスがフランチャイズパッケージを販売するビジネスであると考えれば，加盟者から見てリスクが小さく収益性の高いフランチャイズパッケージが良い商品で有り，フランチャイザーとしては売りやすいパッケージということになり，その成長（加盟店開発）を加速する要因となります。

こうしたことから，スタートアップ段階のフランチャイザーに求められる人材は効率的に業務を行い，一人当たりで高い売上高を実現できるマルチ型の能力を持った社員ということになります。重要なことは最もマルチ型能力を持ち様々な仕事を引き受けるのはフランチャイザーのオーナー自身だということです。フランチャイズオーナーはまさにスーパー社員であり，必要な人材を自ら育成していく教育者なのです。

3. フランチャイズ本部組織の機能分化

次に，一定の店舗数に達したフランチャイザーでは，事業規模の拡大につれて段階的にいくつかの職能が分化し，専門担当者を置くようになっていきます。

フランチャイザーとしての事業を構成する組織機能には次のようなものがあります（ここでは直営店の運営はフランチャイザーの事業とは切り離されている事に注意してください）。

事業規模が小さいときは，機能は未分化で組織として区分はされません。何より，フランチャイザーとしての事業を開始しようと意思決定した時には，全ての機能はそのオーナー個人に集約されています。事業の拡大につれてそれぞれの業務量が増大し，機能ごとの組織として分化していくのです。

① 加盟店開発営業業務

フランチャイザーとしての事業を開始して，最初に業務として分離することが必要になるのが加盟店開発営業です。加盟店開発営業は契約行為を行いますから，フランチャイズ契約書に関する知識，法定開示書に関する知識，自社の事業内容に関する知識，契約行為に対する法的責任に関する知識など，多様な知識と，加盟希望者に大きな投資を決断させる営業担当者としてのスキルが求められる難しい職種です。場合によっては立地評価や売上予測，事業計画の作成，加盟希望者の創業支援や資金調達支援などのスキルも必要になります。

こうした人材を育成できるかどうかということに加盟店開発の成否がかかります。計画的に，任せられる人材を育成していくことが必要です。

② 加盟店開業支援業務

フランチャイズ契約を締結すると，フランチャイジーは自らの店舗を開店することになります。フランチャイザーはその業務としてジーの店舗の開店を支援します。

開店支援の内容は一般的にはフランチャイズ契約書に定めますが，開店する店舗が増えてくると開店支援業務は増加し，専門の部署が必要となります。開店支援業務を効率的に行うためには開店作業全体をマニュアル化し，誰が行っても均一な開店支援が行えるようにする必要があります。また，開業前後で一定期間加盟店店舗の指導に担当者が拘束されるような契約の場合，開店支援業務は他の業務との兼務は実質的に困難になり，専門職能としての人材育成が不可欠となります。

更に事業規模が拡大し，開業支援業務が高度化してくると，店舗立地の評価，売上予測，店舗設計，施工管理，店舗設備管理業務などに更に分化し，開店プロモーション，加盟店従業員の研修，継続的プロモーション実施など教育・研修部門やマーケティング支援部門に係わる業務に分化していきます。

③ 加盟店運営支援・チェック業務

加盟店支援に関しては，スーパーバイザー（SV）と呼ぶケースもありますし，フィールドサポートと呼ぶチェーンもあります。加盟店店舗数が増えてくるとチェーン全体のオペレーションレベルを維持するために大切な業務です。

加盟店支援はどのような名称で呼ぶかは別としてフランチャイズシステムには絶対に必要な職務です。ただ，大切なことはこの業務の本質は加盟店の監査であると言うことを忘れてはいけません。加盟店の運営がマニュアル通り行われているか，チェーンとしての品質基準を維持しているか，フランチャイズ契約を順守しているかという点をチェックすることがスーパーバイザー業務の本質です。

④ 教育・研修・研修店舗運営（マニュアル作成・修正業務）業務

初期の段階では，フラチャイズオーナー自身が研修指導に当たったり，マニュアル作成に係わるケースもありますが，チェーンが一定規模に達し社員数が増加する中で専門職能として確立することが必要になるのが教育・研修部門です。これは，加盟店オーナーや社員に対する研修だけで無く，本部の社員に対する研修も行います。

フランチャイズ本部として企業規模が拡大してくると社員の行動規範，企業理念，価値基準，提供する商品やサービスに対する判断基準を統一することが困難になってきます。この部分を担うのが教育・研修部門の役割です。

また，作成されたマニュアルは情報システムの変更や関連法規の変更，市場環境の変更などの様々な要因で変更，ヴァージョンアップが必要になります。こうした変更は直ちに教育・研修部門によって社員，加盟店に周知されチェーンとしての運営基準を一定レベルに保つことが必要になります。

大切なことは，教育は専門職能だということです。教育するためには教育担当者が高いレベルでマニュアルに従ったオペレーションを実現できることが必要です。極端な言い方になりますが，教育担当者のレベル以上の店舗運営，チェーン運営は実現できません。

⑤ マーケティング支援業務

本部としての公告・セールスプロモーション，店舗での統一的なセールスプロモーションの企画，準備，マテリアルの作成・供給などチェーン全体のマーケティングを設計し，それを実施する部門です。

一般的には，フランチャイズ契約書でフランチャイジーの独自のセールスプロモーションに関しては事前に本部の了解を取ることを求めます。このとき，了解をする部署がこの部署になります。

加盟店の開店支援に当たっては，オープンプロモーションの計画支援，マテリアルの供給等を担当します。また，不振店対策などでも加盟店支援部門と協力して売上アップのためのマーケティングプランを計画し実施を支援します。一般的なチェーンストアでも本部と店舗の役割分担として分化する専門職能です。

⑥ 商品開発・調達部門業務

商品開発，飲食チェーンであればメニュー開発，商品や食材の調達に係わる職能です。幅広い商品知識と競合企業の動向，社会的なトレンドなどに対する知識が必要です。

商品開発部門が，商品情報を加盟店に提供する事になりますから，商品開発の意図，商品の特徴，顧客に伝えるトークなども商品情報として発信します。

また，原価管理の視点も重要で，チェーン全体でのバイイングパワーを発揮して有利な仕入を行う部署でもあります。

チェーンの拡大につれて，物流設計や流通在庫の管理，チェーン全体でのロス対策なども商品設計の視点からアプローチすることが重要になります。

⑦ 管理・法務業務

本部の運営管理を担当する部署です。本部社員のキャリア管理も重要な役割ですが，Webでの教育システムを活用してチェーン全体でのパート，アルバイトの研修動向や，資格管理まで行う事を考える必要もあります。特に，外国人労働者の雇用やチェーン全体での雇用システムなどを導入する場合，本部として正しいシステムを提供することが必要です。

法務部門は加盟契約書の管理や訴訟対策だけで無く，知的所有権の管理，本部だけでなチェーン全体のコンプライアンスの確保など果たすべき役割は拡大しつつあります。

弁護士，司法書士，公認会計士などの専門家を活用しながら体制を整備していく事が望ましい専門部署になります。

⑧ 経営企画・財務部門業務

フランチャイザーとして一定の成長を実現し，次のステップとして新規事業への進出，IPO，あるいは部門や店舗の買収やバイアウトを考えるときに中心になって機能する部署です。極めて専門性が高い部署で有り，外部専門家の活用が必要になります。

M&AやIPOを考えるときは資本政策や資金計画，財務上の交渉毎などが必ず必要になります。こうしたことに対応できる専門家を計画的に自社内で育成することは相当に困難です。

4. 本部人材に求められる基本的能力

成功するフランチャイズの条件を思い出してください。本部の人材に求められる能力は実は特別なものでは無く，成功するフランチャイズ本部の条件を実現するために求められる能力なのです。特別な創造力や問題解決力はフランチャイズ事業を成功させるという視点からは必要なものではなく，むしろ有害なものです。

フランチャイザーにとってオーナーは一人です。オリジナルはオーナーだけなのです。そのことを念頭に置きながら，チェーンの内容に合わせて本部人材に求められる基本的能力を具体的に考えてみてください。

① 経営理念，判断基準，行動原理の習得

フランチャイズビジネスの統一性を保つために重要な役割を果たすのが経営理念です。フランチャイジーがフランチャイザーの経営理念を理解し，日々の店舗運営における様々な顧客との関係について意思決定をしていく，何か突発事項が発生したときに何を優先し行動すべきかの行動原理を統一する。こうしたことがフランチャイズシステムにおける転写性や店舗運営の統一的な品質管理を保証します。

フランチャイズチェーンの統一的運営を維持するためには，まず本部の中で経営理念の共有が図られ，様々な意思決定における判断基準が統一され，顧客との関係における様々な意思決定，優先順位の決定が人によって異なること無く統一的に行われる必要があります。こうした基準をフランチャイザーの社員は身につける必要があります。

② 標準オペレーションの習得

チェーンストアの統一的な運営の基本となるのがマニュアルです。フランチャイザーで働く本部社員はどのような部署を担当するにせよ，自社が行っている標準的なオペレーションの全体像を正確に理解し，自分でもできるように習得しておくことが必要です。

そのために，様々な部署に配属される前に基本的な加盟店向けのオープン前

研修を終了しておく必要があります。

例えば，資材調達の担当者が自社の店舗で行われているクリンネス作業の内容を知らず，クリンネス用の資材を新たに採用したらどうなるでしょうか? 自社の店舗で行われている発注作業の実際を知らず，新しい発注システムを開発したらどうなるでしょうか?

こうしたことから，フランチャイザーの社員はどのような部署を担当しようと，基本的な自社の運営システム，店舗運営のマニュアル，店舗運営の実際を習得しておく必要があるのです。

③ 基本的な管理数値の把握と統一された課題解決メソッドの習得

フランチャイズシステムにおいても事業実施に当たっていくつかの管理指標を定めてベンチマークしていくことが普通です。店舗系のビジネスでは客数，客単価，人時生産性，在庫高，粗利益率，営業利益率，人件費比率などを管理指標として日常的な管理を行います。その目的は，管理指標を継続的に観察することで店舗運営の課題を抽出し，問題を解決する方法を見いだすためです。

例えば，営業利益がマイナスになる。という問題が生じたときにその原因が，客数の減少による売上高の減少が原因なのか，客単価の低下による売上高の低下が原因なのか，それとも異常な仕入増加や廃棄ロスの増加による売上総利益額の減少が原因なのか，人件費の増加による営業経費の増加が原因なのか，を把握することでその対策を講じていくのです。こうした，経営上の問題に対する原因探索の方法をあらかじめ決めておき，その手順に従って課題を発見し，問題を解決していく一連の取り組みを独自の手法として確立し，共有しておく必要があります。

こうした方法が確立されていない場合，人によってアプローチ手法が異なり，課題解決が遅くなったり，問題発見ができなかったりという問題が発生し，結果的にチェーン運営のばらつきにつながります。

④ 関連法規の理解

自社の事業実施に当たって従わなければならない法律，法令，条例，会計処理の原則などについての知識を十分理解しておく必要があります。

これは，フランチャイジーの店舗運営に当たって違法行為が発生しないように，あるいはフランチャイザーとしての意思決定として違法行為が起きないようにする為に必要な措置です。

また，飲食業など食品を扱う事業では，HACCPやGAPなどの管理手法についての知識や食中毒などに付いての知識も重要です。

⑤ 基準の統一

店舗サポートを担当するいわゆるSV（スーパーバイザー）は加盟店を訪問しその運営状況をチェックし，改善点を指導します。その時，店舗チェックリストを使用しますがその評価基準がSVによって違っていると，店舗運営の状況がSVによってばらついてくることになります。こうしたことを防ぐためには全てのSVが同じ判断基準を身につけることが必要です。

チェーンとして実現しようとする店舗運営のレベル，商品提供のレベル，接客のレベル等の基準を正しく身につけ，ブレの無い判断のできる人材育成が必要になるのです。

⑥ 専門職能の習得

専門的職能はフランチャイザーの業務の中で「チェーンストア本部としての業務」と「企業としての基幹業務」それぞれの遂行に当たって必要な専門的な技能のことです。

例えば，チェーンストア本部としての技能であれば，チェーン全体のマーケティング計画の策定や必要なマテリアルのデザイン技能であったり，コピーやパブリシティを作成する技能であったり，広範囲なマテリアル作成に関する専門的知識です。

教育担当部門では，効率的に研修を行うためのツールを開発したり講師として指導を行ったりする技能です。こうしたチェーンストア本部としての専門職能は，繰り返しになりますが店舗運営やチェーン化している自社の事業そのものの基本的な技能習得が前提になります。

企業としての基幹業務は，経理や総務，財務，人事などフランチャイザーが企業として行わなければならない基本的な業務を行うために専門的な技能です。

図表8-1　キャリアチャートの例

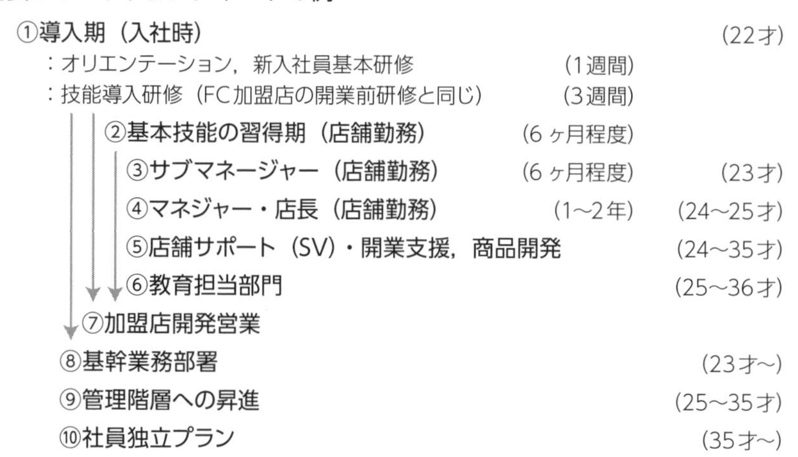

出典：筆者作成

5. 人材育成の手順とキャリアプラン

最後に，フランチャイザーの人材育成，キャリアプランを簡単に説明します。

図表8-1は飲食フランチャイザーを想定した簡単なキャリアチャートの事例です。新入社員は大学卒業の22才を想定しています。

図表8-1で，社員独立プランは25才以上の各部門経験者の中で，独立してオーナーになりたいと考える社員を支援し，独立開業させるキャリアパスを用意しておくことを意味しています。

これは，社内人材の新陳代謝を促進すると共に，独立意欲の高い社員にチャンスを提供し，優秀な人材を失うことを防止する意味合いもあります。

また，自社社員が独立し成功しているフランチャイザーはそのパッケージが優秀で有り，成功確率が高いということをフランチャイジー候補者に成功事例として示す効果もあるのです。

第9章 フランチャイズビジネスにおける海外人材活用のポイント

1. フランチャイズ業界と人手不足問題

2020年1月，中国・武漢から発生し世界的な流行にまでなった新型コロナウィルスによる世界経済や労働市場への影響は計り知れないものがあります。しかし，その発生の前年である2019年までは明らかに，日本では少子化・高齢化等の人口構造の変化から生産年齢人口の減少が起き，その結果，労働市場における『人手不足』が国家経済にとって重要な政策課題にもなっていました。

さらに，厚生労働省の国立社会保障・人口問題研究所が2017年4月10日に公表した「将来推計人口」（図表9-1）では，合計特殊出生率が現状（1.44）と変わらない場合，2053年に総人口が1億人を下回る，と予測しており，今後も継続的な生産年齢人口の減少が確実視されています。新型コロナウィルスによる世界経済の混迷が終息した後，日本経済に待っている課題の一つは，生産年齢人口の減少による，さらなる人手不足問題だと言っても過言ではないでしょう。

(1) コンビニエンスストアの問題点

特にフランチャイズビジネスで多くを占めている飲食業やコンビニエンスストアは労働集約型であり，『人手不足』は既存のフランチャイズ関係者を悩ます大きな課題となっています。近年，大手コンビニエンスストア加盟店のオーナーが契約上履行義務のある24時間営業についてのフランチャイズの本部と加盟店オーナーとの交渉・紛争が，新聞の紙面に登場する機会が増えています。コンビニエンスストアでのアルバイトの確保義務は本部にはなく，フランチャイジー（加盟店オーナー側）にあるため，加盟店運営に十分なアルバイト

図表9-1　日本の将来推計人口と高齢化率の推移

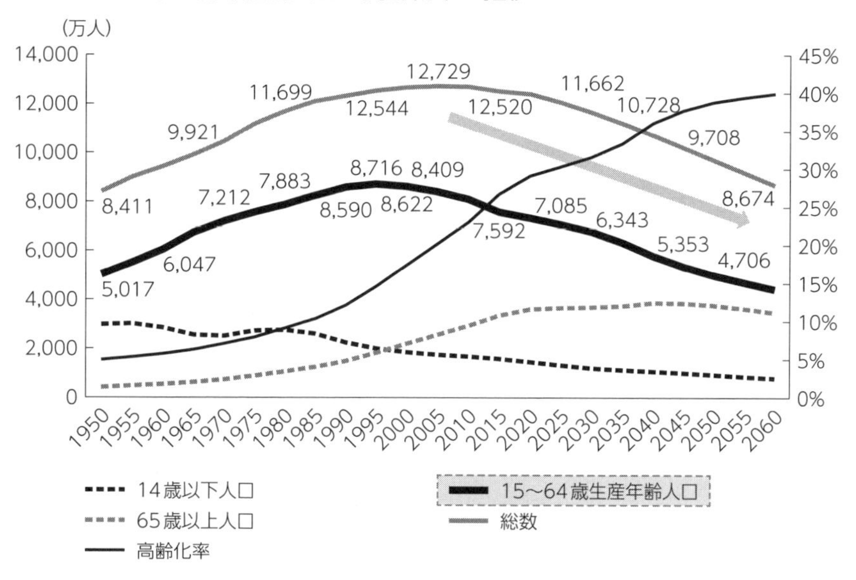

出典：厚生労働省資料「将来推計人口（2017)」からの筆者作成

を確保できないときには，労働基準法の適用されない加盟店オーナーが店舗に出ざるを得ず，人によっては1月に400時間を超える店頭対応を行う店舗オーナーもいるようです。

経済産業省は2019年11月5日，コンビニエンスストアを巡る様々な課題を議論している「新たなコンビニのあり方検討会」の一環として実施した，コンビニオーナーアンケート調査結果の概要を発表しました。調査結果（図表9-2）によると，週休の日数は「週1日未満」が66%と圧倒的多数を占め，週1日19%を合わせて，85%の加盟店オーナーが「週休1日以下」で勤務している実態が明らかになりました。加盟店オーナーの過剰労働の背景には，アルバイト募集が困難となっている「人手不足問題」があります。

このような人手不足問題を背景に，ここ10年で急増してきているのは，海外からの労働者です。特に近年，都心部のコンビニエンスストアで，外国人留学生たちが働いている姿を見ることは，珍しくはなくなっています。新型コロナによる景気停滞で，一時期のような求人倍率の高騰は緩和されていますが，

図表9-2　コンビニオーナーアンケート調査結果

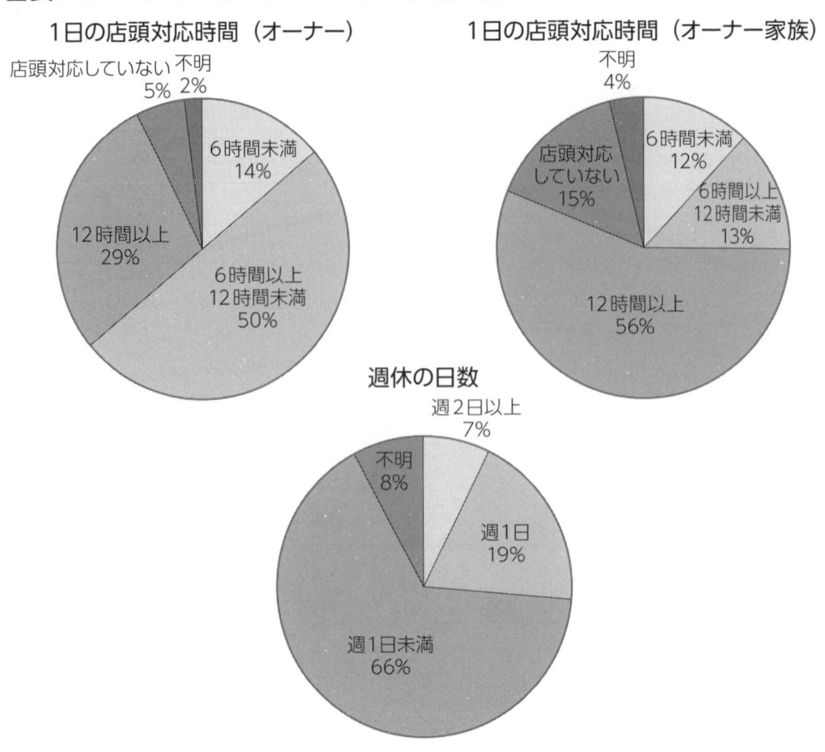

出典：経済産業省発表資料「オーナーアンケート調査の概要」

コロナの終息後は再び求人倍率が高騰し，人手不足問題がさらに悪化することは，日本の人口動態から容易に予見ができます。

今後の，コンビニエンスストア加盟店オーナーにとって，海外人材活用の成否が，経営成功の成否を分ける時代が到来する可能性も，否定はできないと言えるでしょう。

（2）飲食店の例

また，昨年まで求人倍率が高騰していた業界の一つが，飲食業の接客アルバイトですが，そこでも多くの海外人材たちが活躍しています。日経新聞（2017/8/27）にも，居酒屋鳥貴族の直営店アルバイトの28％はベトナム人が占めている，という記事が掲載されたことがあります。このような海外人材を，人手不足時代の貴重な戦力として活用し業績を伸ばしている企業は，少なくありません。また，採用したアルバイトの中から優秀な人材を正社員として登用し，将来的な海外展開の「中核人材」として活用する企業も現れてきております。

今後も日本の少子化が改善される見込みが薄い中，優秀な海外人材を採用・育成し，幹部登用させることで，海外での事業展開を成功させる企業の増加が期待されます。

本章では，人手不足問題解決のための海外人材採用から，事業の海外展開の成功を見据えた海外人材活用のヒントやコツについて，述べていきます。

2. 日本国内で急増する海外人材の「在留資格」と今後の予測

2020年6月の法務省統計によれば，日本に在留する外国人は288万人です。

フランチャイズの経営者が日本国内にて海外人材を雇用する際に，まず為すべきことは，その海外人材の「在留資格」が何であるかを，確認することです。在留資格とは「○○するために日本に滞在してよい」という政府のお墨付きのことです。2020年末時点で，在留資格は全部で29種類ですが，在留資格の種類によっては国内での「就労」に様々な制約がありますので注意が必要です。

(1) 在留資格と在留カード

「在留資格」は，本人の所持する「在留カード」で確認することができます。在留カードとは，中長期滞在する外国人に交付する身分証明書です。次の図表9-3の例では在留資格が留学であり，週28時間までの就労は許可するという条件が記載されています。

(2) 不法就労助長罪に注意

以前，九州発で全国展開している有名豚骨ラーメンチェーン店が，ベトナム人留学生を不法就労させていた件で，書類送検されたことがメディアで報じら

図表9-3　在留カード　表面・裏面

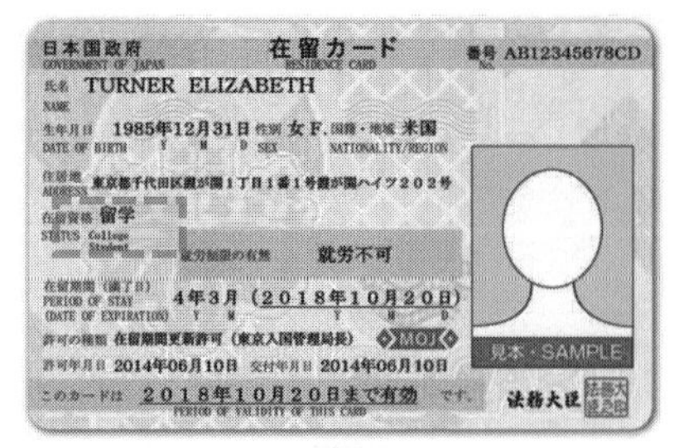

表面　　　　　　　　　　　　　　　　　　裏面

出典：出入国在留管理庁HP

れました。留学生には，アルバイトできる週の上限時間が設けられていますが，その上限を優に超過した就労をさせていたようです。このように，在留資格に関わる法的規制を無視した雇用は，最終的に大きな代償を支払うこととなるので，注意が必要です。

また，最近は高度に偽造された在留カードを，1枚1万円ほどでSNS経由にて購入が可能になっており，海外人材アルバイトを採用している飲食店等の経営者が，偽造であることに気が付かずに不法就労者を雇用した場合でも不法就労助長罪（最高刑懲役3年罰金300万円）が適用される可能性があるので，注意が必要です。出入国在留管理庁が開設しているWebサイト『在留カード等番号失効情報照会』では在留カード番号と有効期限年月日を入力することで，在留カード番号が有効であるかを照会することができます。下の図表9-4は，警視庁が公表している偽造カードの見分け方です。

(3) 急増する3大就労可能在留資格

就労可能な在留資格の中で近年急増しているのは，技能実習，留学（資格外活動許可），技術・人文知識・国際業務（以下，技人国）であり，2020年末でこれら3種在留資格の滞在者合計数はおよそ100万人までに急増しました。以下，それら在留資格の概要を紹介し，次節以降にて在留資格毎の活用のコツやヒントを述べます。

最も急激に増えているのは「技能実習」で，2019年末で国内に約41万人い

図表9-4　偽造在留カードの見分け方

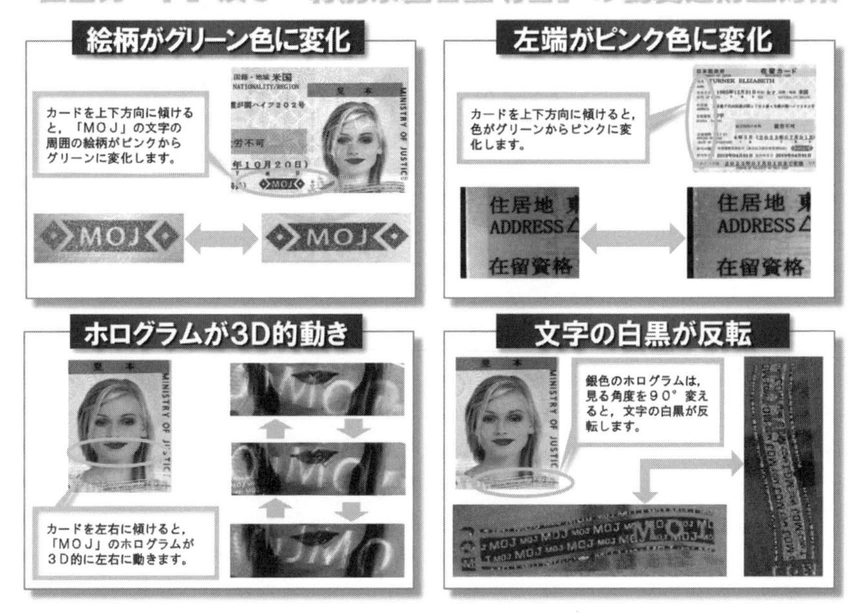

出典：出入国在留管理庁HP「在留カード」及び「特別永住者証明書」の見方

ます。技能実習とは，日本からアジア等発展途上国への高度技能移転による国際貢献のための制度です。しかし，一つの企業で最大5年間の実務従事ができ，日本人社員のような早期離職や他社への転職リスクが低いため，実質上中小企業の人材確保の策として重用されている面があります。

「留学」生は2020年6月時点で約28万人が国内に滞在しています。留学生と言っても，大学，専門学校，日本語学校と教育機関が異なりますが，近年急増したのは日本語学校と専門学校の生徒です。留学生は「資格外活動許可」を取ることにより，稼働時間に制限はありますが，日本での就労（アルバイト）が可能になります。職種の制限は，風俗関連以外は特にないため，コンビニや居酒屋といった様々な労働現場で留学生が活躍する姿は日常の風景になりました。しかし，2020年から世界的流行になった新型コロナウィルスの影響で，2020年以降は留学生の来日数が激減していますし，飲食業の経営難からアル

図表9-5　在留外国人の構成比（在留資格別）（2020年6月末）

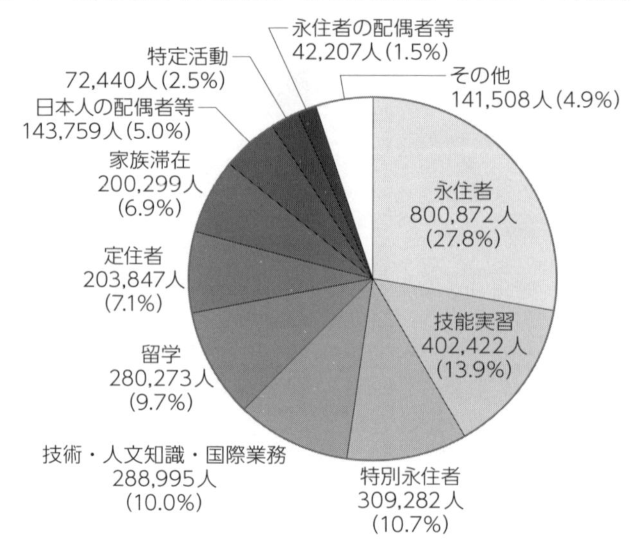

出典：出入国在留管理庁HP

バイト募集人数も減っているのが現状です。今後は，留学生のアルバイト事情も激変してくることが予想されます。

技人国とは，所謂「就労ビザ」の代表格であり，大卒等の高度専門知識を有する高度人材が，日本で期間の制間なく就労が可能になります。

3種の就労可能在留資格の補足として，2019年4月から，人手不足問題解消の大きな期待を込めて新設された在留資格「特定技能」があります。2021年3月末時点で，約22,000人がこの在留資格で働いています。2020年末時点では，特定技能になる人の9割が元技能実習生満了者という統計が出ており，事実上技能実習生の雇用延期的側面が強くなっております。

図表9-6は，これら在留資格の雇用可能期間を横軸，従事する職務の難易度を縦軸としたポジショニングマップです。日本政府の海外人材への考え方として，高度技能職の人材の在留期間は長く，単純労働に近いほど，在留期間に制限を設ける方針であることが見てとれます。「優秀な人材には長く日本で働いてもらいたい，高度技能を要しない職業の方は，一定期間を過ぎたら帰国してもらおう」，という現政府としての方針が，見てとれます。

図表9-6　海外人材ポジショニングマップ

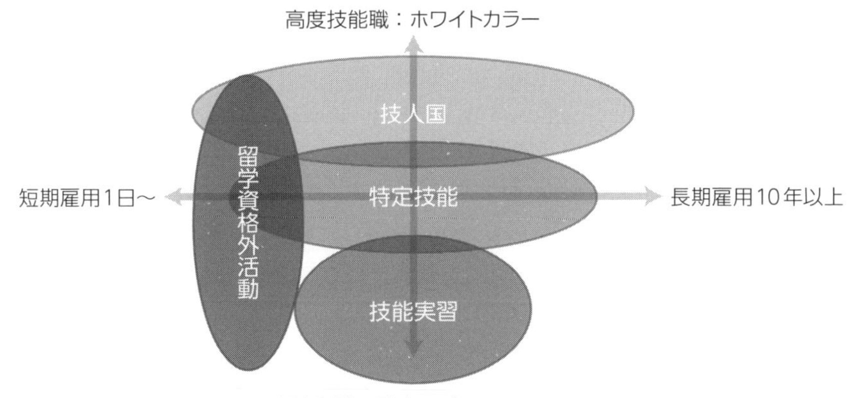

出典：筆者作成

このような政府としての海外人材の受入姿勢では，日本に来て働きたいと考える気概ある海外人材が減少する可能性もあり，今後，政府としての海外人材受入政策について，慎重な考察が必要であると考えられます。

3. 技能実習生制度活用のポイント

技能実習とは，1993年に新興国（主にアジア）の開発途上国の人材が日本の企業で働くことにより日本の高い技術を身につけ，その国の発展を担う人を育てる「人づくり」を目的として創設された国際協力のための制度です。設立当初は，制度活用で来日する者は中国からの若者が大半でした。来日して企業で働き，技術を磨く事で，日本の製品の品質管理や，製品がどのように生まれているのかを実体験として学ぶことができる制度で，技能実習生達とその送り出し国にとって非常に有益な制度となっています。

「日本政府は，単純労働の外国人を原則受け入れはしない」というスタンスをとっています。一方，90年代から始まった3K労働現場の人手不足問題に対する解決策として，変則的な法制度をつくり，補填措置としてきました。

本制度もその一つであり，制度の建前上，技能実習生は技能移転のための

「実習生」であって「単純労働者」ではないといっていますが，その実態は主に国内3K労働現場の人手不足問題の対応策として，国内産業の維持に不可欠な人材供給の重要な制度となっています。

2017年に施行された技能実習法では，本制度の理念を「技能実習は，労働力の需給の調整の手段として行われてはならない」としていますが，実際の国内受入現場での実態とは乖離があるように見受けられます。

2011年には約14万人だった技能実習生数が，2020年末時点で約41万人までに急増した結果，本制度上の諸問題が露見し，メディアに記事として取り上げられる機会も増えました。

記事の例としては，低賃金の劣悪な労働環境に嫌気が差して失踪し，不法就労に走るケースが大半でしたが，最近は新型コロナ不況の影響で不法就労先の仕事も激減し，失踪後に仕事がないのに帰国することすらできない元技能実習生等の不法滞在者が，農家の家畜や栽培品を盗む事件も起きていました。

そのような事例もある一方，日本の企業と技能実習生が良好な関係を構築し，笑顔で（時としては涙の別れで）空港から帰国する技能実習生も，少なくはありません。また，帰国後に母国で一戸建てを両親や家族のために建設する元技能実習生も珍しくはありません。

技能実習生制度活用の最大の企業側のメリットは，一つの企業で最大3～5年間の実務従事ができ，日本人社員のような早期離職や他社への転職リスクが低いことと言えるでしょう。特に東南アジア諸国は人口構造から若い人材で溢れており，優秀で気概ある人材の採用チャンスに恵まれています。

日本人の若手社員がなかなか採用できず求人倍率が高い，建設業，農林水産業，製造業，介護等の職場では，若い技能実習生達が，事実上重要な戦力として活躍しています。

技能実習には，1号（1年目），2号（2～3年目），3号（4～5年目）と分類されます（図表9-7）。技能実習生の受入の際に対象となる職種が限定されており，製造業，建設業，食品加工業，縫製業，農業等の83職種151作業（2021年1月8日時点）でのみ技能実習1号から技能実習2号への移行が可能となっています。

技能実習生制度活用の難点は，この制度を活用できるのは，限定された上記

図表9-7　技能実習生の入国から帰国までの流れ

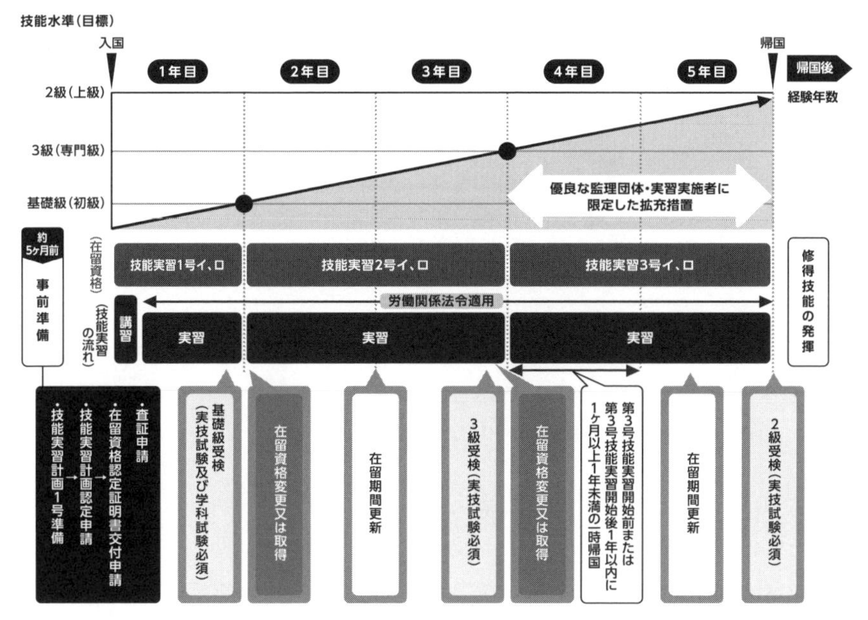

出典：公益財団法人国際人材協力機構HPより

職種に限られているということです。

フランチャイズ事業の場合，例えば人手不足問題が大きなリスクになるコンビニエンスストア店舗では，技能実習生の活用はできませんが，フランチャイザーが運営するお弁当等の製造工場での受入は可能です。

以前ローソンの竹増社長が「コンビニエンスストア店舗でも技能実習生が働けるようにすべきだ」というインタビュー記事が，朝日新聞に掲載されていましたが，海外から入国段階で日常会話の初歩レベルしかできない技能実習生が，店舗で接客対応をするのは事実上不可能です。職種の内容からして，今後も，技能実習生がコンビニエンスストアの店舗に立つことは，困難であると思われます。

技能実習生受入可能職種も，業界団体からの要請と政府側の判断で揺れ動いており，今後も時代の変化とともに，新しい職種が追加になることが予見されます。近年で顕著な新規職種は2020年2月に追加された「宿泊」であり，明

図表9-8　技能実習生　国籍別構成比

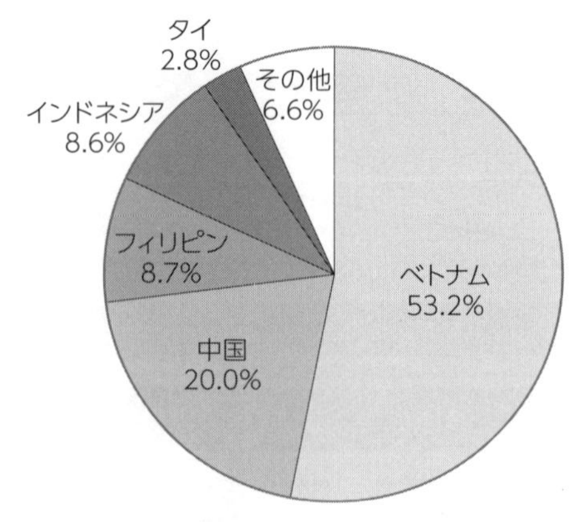

出典：公益財団法人国際人材協力機構HPより

らかに2020年開催予定であった東京オリンピックを見越しての職種追加であったものと思われます。しかし，残念ながら，新型コロナウィルスの世界的流行でホテル業界は非常に厳しい状況が続いており，ホテルで技能実習生たちが活躍する姿を見られる日は，もう少し先になりそうです。

技能実習生として受入が可能なのは，日本政府との協力覚書をしている，東・東南・南アジア等の計15か国のみです。しかし，実際にはここ数年は入国者の約半数をベトナム人が占めています（図表9-8）。以前は，中国からの技能実習生が圧倒的多数を占めていたのですが，ここ10年程でベトナムからの技能実習生が急増し，逆に中国人が減ったため，2016年以降はベトナム人技能実習生が最大多数となっています。中国人は漢字が読め，日本語の上達が速い利点がありますが，尖閣問題を発端とした暴動や共産党政府の反日思想教育等国家的リスクや沿海部の賃金高騰から来日者が減少していました。一方ベトナムは世界トップレベルの親日国と言われ，日本文化への憧憬も強く，ベトナム文化は大乗仏教と儒教がベースにあるため，日本文化や日本企業に適応しやすいという利点があり採用する企業が増えてきました。

技能実習生を採用するには，一般的には監理団体を通じて日本の企業が外国からの技能実習生を受入します。そして，この監理団体選びが，この技能実習生制度活用の成功のために重要な要素となります。

図表9-9　監理団体と送り出し機関の役割

事業協同組合や商工会等の営利を目的としない団体（監理団体）が技能実習生を受け入れ、傘下の企業等（実習実施者）で技能実習を実施する方式

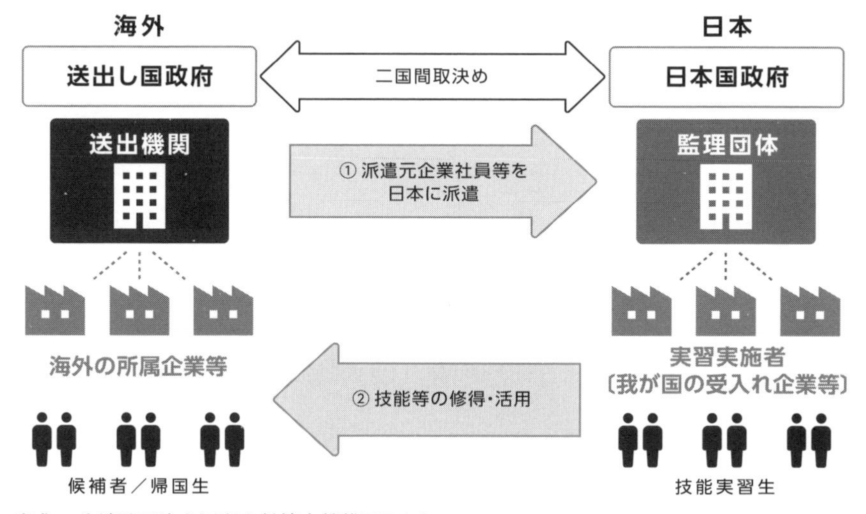

出典：公益財団法人国際人材協力機構HPより

監理団体は協同組合等の非営利法人が，外国人技能実習機構から認可を受けて運営が許されています。監理団体は，人材供給国側の「送り出し機関」と協定を結び協力関係のもと制度運営をします。言わば監理団体と送り出し機関両者は，車の両輪のような関係で，共に重要な役割を担っています（図表9-9）。

監理団体の主な役割は，受入企業への監査訪問と助言指導，現地国側の送り出し機関との業務提携，在留資格申請，集合研修，技能実習生からの相談対応等，多岐に渡ります。その中で，重要かつ難しいのが，送り出し機関の選別であると言えます。送り出し機関の選別がなぜ重要かと言えば，受入企業側の人材要請について，実際に対応し，現地での人材募集から人材のマッチング等の運営しているのが日本側の監理団体ではなく，現地の送り出し機関だからです。

企業側の人材要請に従って，送り出し機関は現地で人材の募集をかけ，要請に沿った候補者を面接会に手配します。大半の企業経営者は，現地まで出向き直接に面接会で候補者と会い，面接と実技試験等を経て採用者が決定していま

す。採用決定された方のビザと在留資格申請は，送り出し機関と監理団体が協力して行い，約半年後に企業に配属される流れとなります。

送り出し機関の人材募集や面接の質が悪いと，技能実習生が入国後，様々な問題を起こすこととなるため，優良な監理団体の理事等の責任者は，頻繁に現地に赴き，送り出し機関の現状や問題点，改善すべき点を把握し，送り出し機関と一緒になって本制度をよりよいものに成長させていく姿勢の方が多いようです。

フランチャイズ経営者が，技能実習生制度を活用する際には，慎重に優良な監理団体と送り出し機関を選別することが，非常に重要であると言えます。

4. 技術・人文知識・国際業務（技人国）人材活用のコツ

技人国としての在留資格を取得できる方は，大学卒または短期大学卒の学歴が条件となります。そして，就労先の業務内容と学位を得た際の専門性に相関性があることが，在留資格許可の条件となっています。

技人国等の高度人材の採用では，日本人では採用が難しい程の優秀な人材の採用ができることがありますが，優秀な外国人が採用できたということで一時的に喜んでいるのは危険です。なぜなら，外国人材は高学歴もしくは優秀な人材であればあるほど，従来の日本的労働観とは異なる労働観の人材が多く，経営者がそのギャップを理解せずに外国人材の処遇を決めると，外国人材のモチベーションの低下や予想外の早期離職となってしまうケースが多いからです。

「日本の常識は世界の非常識」という言葉がありますが，終身雇用，年功賃金，メンバーシップ型雇用といった「日本的雇用慣行」には，まさにその言葉が当てはまるということを，経営者・雇用主には留意して頂きたいものです。例えば，官庁が公表しているアンケート（外国人材の就労環境の整備H29）（図表9-10）によると，外国人材が大企業や中小企業に改善を求める課題として「キャリアパスの明示」「昇格・昇給の期間短縮」「能力や成果に応じた評価」が挙がっています。

この結果からわかることは，外国人材にとって望ましい就労環境は「メンバーシップ型雇用」をベースにした「年功賃金」と言った日本型雇用慣行では

図表9-10　外国人材の定着のために日本企業が取り組むべきこと

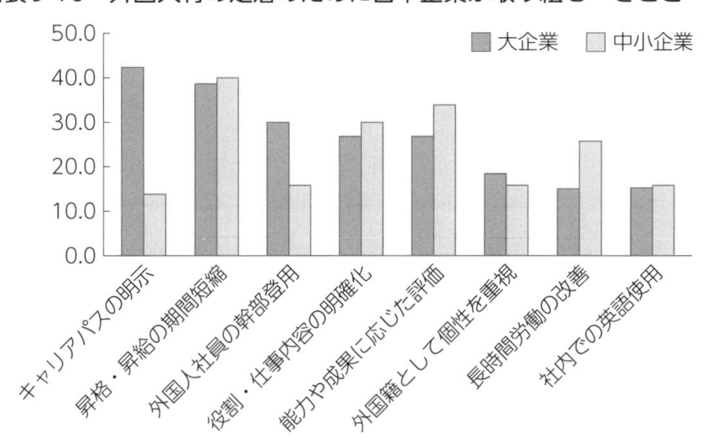

出典：厚生労働省・経済産業省（2017）「外国人材の就労環境の整備」

なく，「ジョブ型雇用」をベースにした「能力や成果に応じた人事評価制度や報酬制度の設計」「キャリアパスの明確化」といったものです。まずは，企業経営者にそのことを念頭において人事制度を設計いただければと思います。

技人国等の高度人材を複数人雇用する場合，難易度は高いですが，外国人材の労働観やキャリアビジョンを理解したうえでの報酬・評価・配属・育成・福利厚生費等の制度変革まで着手されることをお勧めします。例えば，ベトナム高度人材は，従事する仕事が自分をどれ程成長させ，自己の市場価値向上に寄与するかといった視点が強いので，従事する仕事が単調で自己の成長に繋がらないと判断するとモチベーションが低下し，早期離職に繋がりやすいです。従って，企業としては外国人材個々のキャリアパスを理解し，企業の求める方向性と社員個々のキャリアパスの両立を念頭に置いて，配属や育成計画を決定する必要があります。

特に，今後の海外へのチェーン展開を狙っての幹部候補としての採用を検討している際は，その企業の将来ビジョンをはっきりと面接時に伝え，海外高度人材本人のキャリアビジョンとの擦り合わせを慎重に行うべきです。

海外からの高度人材にも，将来的に日本で長く就労を希望する者もいれば，いずれは母国に戻って働きたいと考えている者，さらには両国の橋渡し的なポジションとして両国を行き来できる仕事を希望している者もいます。このように海外高度人材にも多種多様なキャリアビジョンの方がいますので，企業側の求める人材とビジョンにより親和性が高い方を採用することで，将来的なキャリアのミスマッチからの不本意な早期離職を防ぐことが可能になります。

また，外国人材の生活文化に適した福利厚生ができれば，職場環境としての魅力はさらに増します。ベトナムでは，旧正月期間は1週間ほど帰省して家族と時間を過ごす文化があります。このような期間に有給休暇を与えベトナムへの帰省を許可するといった配慮ができれば，ベトナム人材から企業への信頼感は増し，企業への定着率も高まるはずです。

5. 留学生アルバイト活用

(1) 国内留学生数急増の理由

人手不足問題が著しいコンビニエンスストア店舗や飲食業等の接客アルバイトで近年急増しているのがこの留学生アルバイトです。実際，ほかには人手不足問題が深刻な運送業配送センターやビル清掃業といった業界も日本人従業員だけでは全く足りない状況であり，留学生のアルバイトへの依存が大きい業界です。

留学生が急増した背景には，文部科学省の政策があります。文部科学省は，日本が世界に開かれた国として，人の流れを拡大していくために重要であるとして，『2020年を目途にした留学生30万人計画』を2008年に発表しました。2008年当時の留学生総数は12万人ほどで，12年で2.5倍に増やすある意味無謀に近い計画でした。2010年7月1日，政府は在留資格「留学」と「就学」の区分をなくし，「留学」の在留資格へと一本化される法改正を実施しました。そのため，2～3万人の日本語学校への留学生の在留資格が「就学」から「留学」に格上げされ，結果として留学生総数に加算されるようになりました。

その結果，日本語学校留学生は，アルバイトの上限時間が増えました。以前の「就学」の場合は，1日4時間以内1週14時間以内でしたが，「留学」の場合は1週28時間（語学学校の長期休業中は1日8時間以内）までの就労が可能となりました。

2010年の法改正後，日本語学校への留学を経済的な余裕の無い留学生でも「アルバイトで学費を稼ぎながら留学できる」といった謳い文句で，日本語学校への留学生を集めるブローカーが多数現れ，日本語学校への留学生総数が急増しました。その結果，2017年には，日本語学校在籍留学生数が大学学部在籍数を超えるまで増加しました。

アメリカ，カナダ，イギリス等の国では，進学準備のための語学学校の学生はアルバイトが禁止されています。言語を習得するには，語学学校での集中した学習が必要であることを配慮してのことですが，日本の語学学校に来る留学生は，アルバイトを優先する方が多いため，語学学校の授業に集中できず，語学力が思ったより伸びない，というケースが増えています。結果として，日本語学校に進んだ留学生は，次の進学先として高度な日本語能力が求められずに進学できる専門学校を選ぶケースが多いです。

そのような出稼ぎ労働者的側面の強い日本語学校の留学生でも，人手不足の日本では様々な業界で戦力として頼らざるを得なかったのが実情です。ただし，昨年広まった新型コロナウィルスの影響でアルバイト先が減少し，期待するほどの収入が得られず困窮する日本語学校の留学生が増えており，今後は国内留学生人数が減っていくことも予測されます。

留学生活用のメリットは，風俗関連業以外であれば，職種の制限がないという点です。従って，技能実習生制度が活用できない飲食業，コンビニエンスストア，運送業等では，重要な戦力になっていたのは間違いありません。

(2) 留学生アルバイト活用のコツ

留学生アルバイトを上手に活用している企業では，留学生アルバイトを取りまとめるリーダー人材の育成に成功しているケースが多いです。リーダー人材は，アルバイトと同じ国籍であり，かつ在日期間が長く，技人国等の就労ビザを取得した高度人材であることが多く，日本での経験が浅い留学生達の兄貴分として，留学生アルバイトの育成や労務管理まで任せることができます。さらに，人脈と人望のある者に人材募集を任せることで，優秀な留学生アルバイトを集めて，人材確保までしているケースもあります。このようなリーダー人材を確保することができれば，次の図表9-11のような組織体制のもと，日本人

図表9-11　海外人材活用で成功する組織図一例

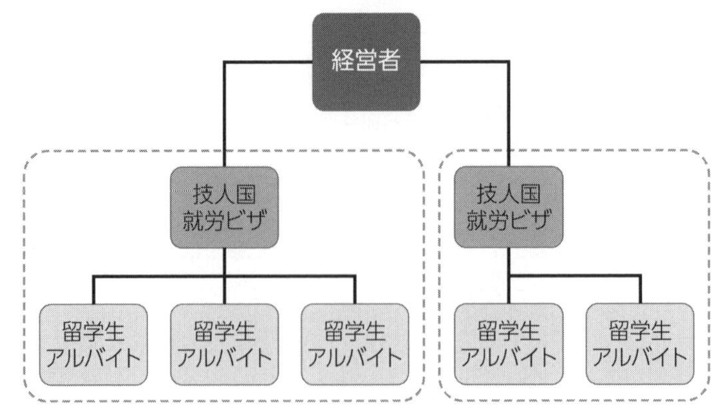

出典：筆者作成

経営者にとってかなりの労務負担を軽減することができますので，リーダー人材には，相場以上の賃金を支給しても損はしないでしょう。

半面，留学生活用の際の注意点としては，

1）週28時間以上の就労はNG。
2）留学生は都心部に集まるため地方での採用は難しい。
3）アルバイトの定着化・戦力化までは経験が必要。
4）入管の裁量で留学生の許可・不許可が決まるので，安定した人材確保が難しい。
5）アルバイトを正社員採用する際は就労ビザの取得が必要だが，学歴要件により不許可になるケースあり。

の5点を挙げたいと思います。

6. 海外人材雇用後の定着化・長期雇用へのヒント

最後に，海外人材雇用後に組織としての成果を上げるためのヒントを述べたいと思います。どのような在留資格の海外人材であれ，その方の定着化と信頼

図表9-12　日本における居住と労働のイメージ

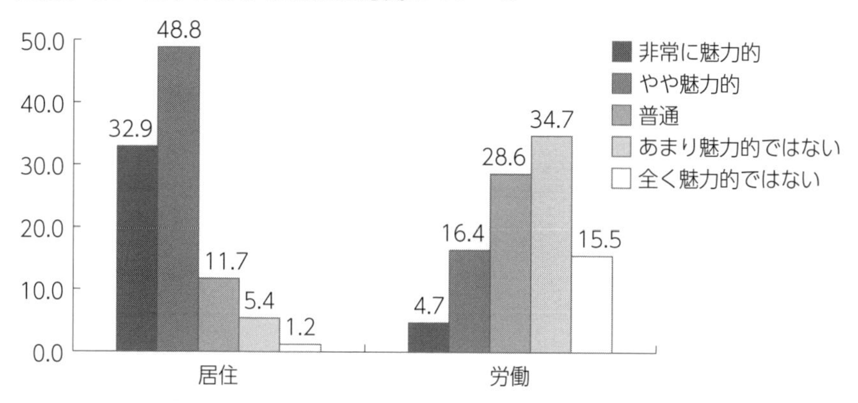

出典：経済産業省『平成28年版 通商白書』

関係の構築において重要なことのひとつが，彼らの労働観や価値観を理解し，それにできる限り沿った労働環境を整備することです。

次の図表9-12は日本企業へのフルタイム勤務経験のある海外人材へのアンケート調査の結果です。日本での居住に対するイメージは81.7%が「魅力的」であると答えているのに対し，日本における労働を「魅力的」と捉えているのは21.1%にとどまっています。さらに，日本での労働に対して，「あまり魅力的ではない」「まったく魅力的ではない」とネガティブな評価が過半数を占めており，「非常に魅力的」「やや魅力的」とポジティブな評価をした者は2割程しかいません。

この統計から見ても，海外人材にとって日本での労働は「魅力的」とは言い難いことが分かります。

さらに，図表9-13をもとにその原因分析をすると，「長時間労働」「遅い昇進」「評価システムの不透明さ」といった，日本企業特有の長時間労働を美化する労働慣行や，終身雇用を前提とした年功制評価システムへの不満を多くの海外人材達が感じていたことが分かります。例えば，ベトナム人材の場合，儒教の思想が強く浸透しており，「家族」を非常に大切にする文化であり，家族より仕事を選ぶという価値観は受け入れられない方が多いです。また，旧正月等の家族が集まる文化習慣を非常に重要視しており，そのような祭日にも仕事

図表9-13　留学生の日本における就職の不満

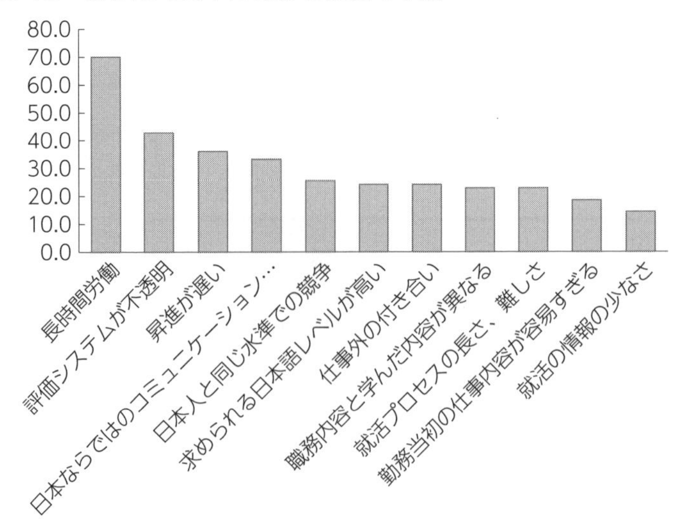

出典：経済産業省『平成28年版 通商白書』

のために家族との大切な時間がとれない場合，ストレスを感じる方が多いです。このような，海外人材独自の文化・価値観を理解したうえで，海外人材の雇用環境を整備することは，長期的な雇用関係を構築するうえで重要であると言えます。

MITのダニエル・キム元教授は「組織の成功循環モデル」（図表9-14）という理論を提唱しています。組織の成功循環モデルでは，成功や成果といった組織としての「結果の質」を高めるためには，一見遠回りに思えても，組織に所属するメンバー相互の「関係の質」をまず高めるべきだ，と述べています。

組織の関係性の質が高まると，個人の思考の質や行動の質もよい方向に変化して，結果の質の向上につながる。良い結果が出ると，メンバーの相互信頼が深まり，さらに「関係の質」が向上していく。このグッドサイクルを回すことが，組織に持続的な成長をもたらしていくという学説です。

長年，筆者は外国人労働者と日本人が働く現場を見てきましたが，この理論はまさにそのような現場でも当てはまると確信しています。海外人材雇用で成功している企業の多くは，短期的に「結果の質」を求めるのではなく，まず海

図表9-14　組織の成功循環モデル

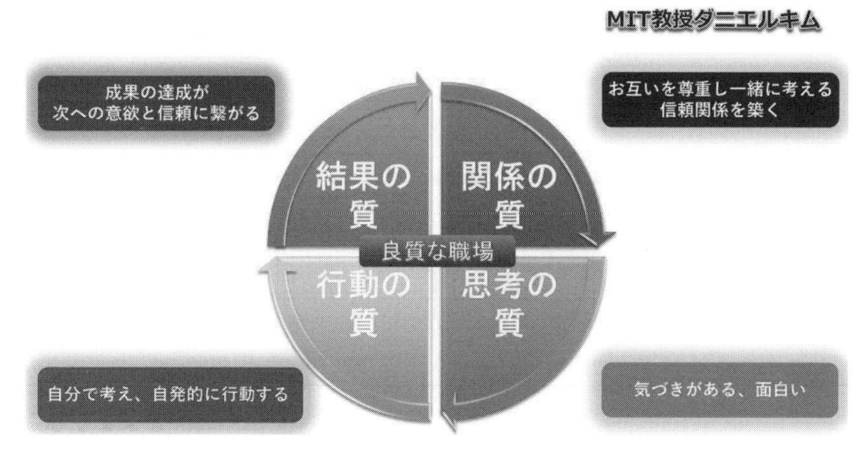

出典：筆者作成

外人材と企業との「関係の質」構築の為の努力や工夫をしていました。海外人材を経営者が雇用し，彼等との間に「関係の質」を構築するには，言語・文化・宗教等の基本的価値観が日本人とは大きく異なる人材と共生する中で，相互理解を深めていく不断の姿勢が必要だと言えます。半面，失敗する典型的なパターンは，海外人材に対して一方的に日本型雇用の「当たり前」と思われている慣行となっている日本的価値観を押し付けることであると言えます。

まずは，海外人材の根底に流れる人生や労働観・人生観を理解する姿勢を持つ，ここがスタートポイントであると言えます。相手を理解すれば，相手からも理解される。そのような姿勢で海外人材との関係の質を高めていただければ，素晴らしい雇用関係が構築できると思います。

第10章
新しいフランチャイズビジネス

1. 新しいフランチャイズの形態

近年，フランチャイズビジネスの業界では，様々な新しい形態が登場してきています。その背景には，激しい加盟店の獲得競争があると考えられます。各フランチャイザーは，フランチャイジーにとってより魅力的となる形態を模索し，そのメリットを訴求することで，少しでも多くの加盟店を獲得しようとしているのです。

その新しい形態の中でも，特に注目されているのが，フランチャイザーがフランチャイジーに提供する機能の一部のみを提供する形態です。

フランチャイズビジネスにおいて，通常，フランチャイザーは以下のような機能をパッケージとしてフランチャイジーに提供し，その対価として加盟金やロイヤルティ収入を得ています。

しかし，近年注目されているのは，これらの機能の一部のみしか提供しない形態なのです。例えば，加盟店の増加に伴ってコストが膨らむ「継続的経営指導」機能を提供しないことで，本部側のコストを抑制し，その分ロイヤルティを無料（もしくは安価）にして加盟店にとっての魅力度を上げようとしているところがあります。また，「ブランド利用許諾」機能を提供しないことで，オリジナルの店名がつけられる形態とし，それに魅力を感じる加盟店を集めているところもあります。つまり，これまでフランチャイザーが提供してきた機能のすべてを提供するのではなく，その一部のみを提供するにとどめることで，加盟店にとっての新たな魅力を創出し，少しでも多くの加盟店を獲得しようとしているのです。

本章において，最初にご紹介する「ステルスFC」も，「差別化商材提供」機

図表10-1　フランチャイザーの提供機能

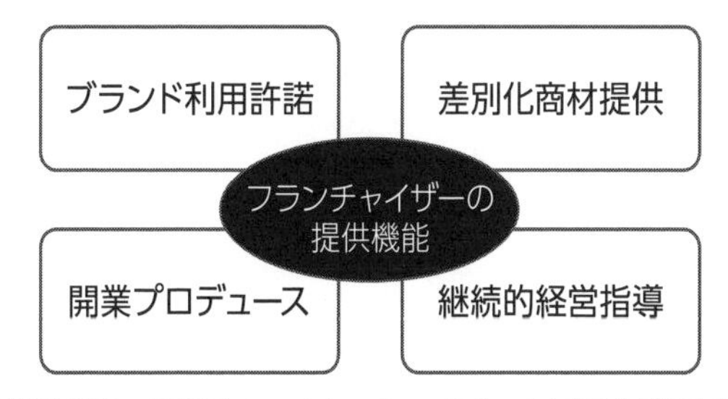

●ブランド利用許諾：加盟店にフランチャイザーの屋号を利用させる
●差別化商材提供　：加盟店にフランチャイザーが開発した商材を提供する
●開業プロデュース：加盟店に必要なノウハウを提供し開業を支援する
●継続的経営指導　：開業後も継続的に店舗経営を指導し支援する

出典：筆者作成

能と「開業プロデュース」機能しか提供しない形態ですし，その次にご紹介する「開業プロデュース型FC」にいたっては「開業プロデュース」機能に完全に特化した形態となっており，これら新しい形態の代表例と言っていいでしょう。

また，この他にも，機能を絞る形態ではありませんが，加盟店の開業当初の最低売上額を保証する「売上保証型FC」や，従業員が独立して加盟店のオーナーとなれる「のれん分け」など，各フランチャイザーは様々な形で加盟店にとっての魅力度を高める工夫をしています。

本章では，このような新しいフランチャイズの形態について，通常のフランチャイズとの違いに着目しながら，そのメリット・デメリットを中心に説明していきます。

なお，これらの形態は，いずれも以前から存在はしていましたが，多くのフランチャイザーが採用し，このように話題になってきたのはごく最近のことです。そのため，本書では，これらの形態を便宜上「新しいフランチャイズ」として説明していきます。

2. ステルスFC

(1) ステルスFCとは

近年，最も注目を集めている新しいフランチャイズの形態が「ステルスFC」です。この「ステルスFC」には，次のような特徴があります。

〈ステルスFCの特徴〉

- 店舗名は，決められた屋号でなく，オーナーが自由に決められる。
- メニューや店舗の内外装も，ある程度オーナーが自由に決められる。
- 加盟金やロイヤルティが無料（もしくは安価）。
- 商材は決められたものを本部から仕入れる。

前述のとおり，フランチャイズは，フランチャイザーがフランチャイジーに対して，「ブランド利用許諾」，「差別化商材提供」，「開業プロデュース」，「継続的経営指導」などの機能をパッケージとして提供するものですが，「ステルスFC」は，このうち「差別化商材提供」と「開業プロデュース」の機能に限定して提供する形態です。

加盟店は，本部から商材を仕入れさえすればよく，その他のこと，例えば店名やメニューなどについては自由に決められます。そのため，通常のフランチャイズと比べて，創意工夫の余地があり，自分で創ったブランドを広め，創意工夫によりビジネスを展開したいというオーナーにとっては，魅力的な形態と言えます。

また，コストのかかる「継続的経営指導」は原則行わないため，その分ロイヤルティは無料，もしくは安価に抑えられているケースが一般的です。

(2) 名称の由来

「ステルス」とは，英語で「ひそかに」「こっそり」という意味で使われる言葉です。「ステルス戦闘機」（レーダーに発見されにくい戦闘機）などは，聞いたことがあるのではないでしょうか。「ステルスFC」は，通常のフランチャイ

図表10-2　ステルスFCにおけるフランチャイザーの提供機能

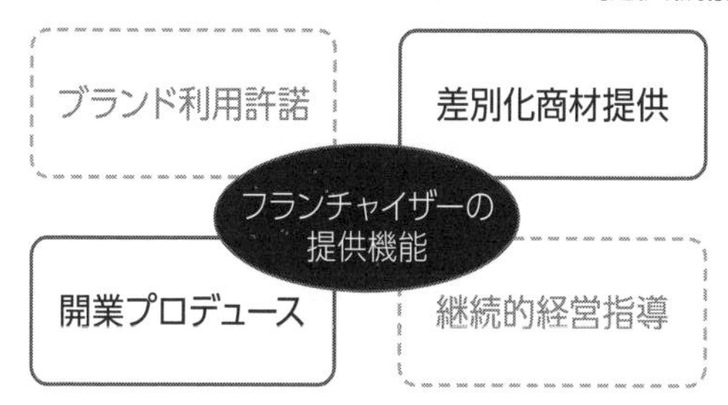

出典：筆者作成

ズと異なり，統一した店舗名でないことから，一見してフランチャイズの加盟店には見えません。そのため，「ひそかに」「こっそり」を意味するこの名称で呼ばれるようになったと言われています。実際に，個人店舗だと思っていた店が，実はこの「ステルスFC」という形態のフランチャイズ加盟店だったということも多いようです。

なお，「ステルスFC」の形態は，店舗名を自由につけられることから，「フリーネームFC」と呼ばれることもあります。

(3) ステルスFCが注目される理由

加盟店に対して，このような自由を与えるフランチャイズは，新しい形態のように見えますが，実は食材事業者などが以前より展開していたモデルなのです。では，なぜ決して新しくないこの形態が近年注目されているのでしょうか。

最近，コンビニエンスストアにおける24時間営業の強制が問題視されるなど，その制約の多さから加盟店と本部とのトラブルが目立つようになり，マスコミにも取り上げられるようになりました。その反動から，制約の少ないこのフランチャイズの形態が，注目を集めるようになったのです。

やる気のあるオーナーがせっかく商売繁盛のためのアイデアを考えても，本部の許可が出ないケースが多いのも事実です。自分で店舗を経営しながら，自由度がなく，決められたとおりに働くのでは，会社員と変わらないと感じてしまうオーナーがいても不思議ではありません。このようなオーナーを加盟店として取り込むために，自由度の高いフランチャイズの形態を採用する本部が増えてきたのです。

(4) 加盟店にとってのメリット・デメリット

「ステルスFC」のメリットやデメリットには，どのようなものがあるのでしょうか。まずは，加盟店にとってのメリットとデメリットについて見ていきましょう。

加盟店にとってのメリットは，次のとおりです。

〈加盟店にとってのメリット〉
①店舗名を自由に決められる。
②メニューや店舗の内外装なども自由に決められる。
③加盟金やロイヤルティが無料もしくは安価なケースが多い。
④必要な商材を本部が提供してくれる。
⑤開業にあたって，店舗経営のノウハウを提供してもらえる。

① 店舗名を自由に決められる

やる気があり，自分の創意工夫を活かしたいオーナーにとってみれば，通常のフランチャイズ契約と比べて制約が少ない分，やりがいが発揮できる点は，メリットになります。特に店舗名を自由につけられる点については，思い入れのあるブランドを創って展開していける喜びがありますし，店舗の顧客からはフランチャイズ加盟店と気づかれないため，自分の店を持ちたいという思いの強いオーナーにとっては非常に魅力的です。

② メニューや店舗の内外装なども自由に決められる

メニューや店舗の内外装も自由に決められるため，個人店舗のようにオーナーの想いを店舗運営に活かすことができます。実際にフランチャイズの加盟店であることに気づかない顧客も多いはずです。もともと，独自に出店しようと考えていたオーナーにとっては，大きなメリットに感じられるはずです。

③ 加盟金やロイヤルティが無料もしくは安価なケースが多い

「ステルスFC」の場合，コストのかかる開業後の継続的経営指導までは提供しないことが多く，また，それ以外のコストも加盟店に対して提供する商材の対価に上乗せして徴収することができるため，加盟金やロイヤルティを無料もしくは安価に抑えることができます。加盟店から見れば，加盟金やロイヤルティの負担が大きい通常のフランチャイズに比べて，非常に魅力的に映るはずです。

④ 必要な商材を本部が提供してくれる

商材を本部から仕入れる点は，通常のフランチャイズとも同様，加盟店側に課される義務となるのが普通ですが，独自の仕入れルートを開拓する必要がないため，少なくとも開店当初の加盟店にとってはメリットになります。また，ある程度加盟店側のリクエストに応じた材料を提供してくれますし，飲食店などの場合は，加工済みのものが提供される分，加盟店側での仕込みの手間が省け，少ない労働力での店舗経営が可能となります。

⑤ 開業にあたって，店舗経営のノウハウを提供してもらえる

「ステルスFC」では，本部は「差別化商材提供」とともに「開業プロデュース」の機能も併せて提供するのが一般的です。その業界での経験がないオーナーや，そもそも店舗経営自体が初めてとなるオーナーにとっては，大きなメリットになります。

次に，加盟店にとってのデメリットを見てみましょう。

〈加盟店にとってのデメリット〉

①認知度のある屋号を使わないため，開店当初は集客に苦労する。

②開業後のフォローがないため，オーナーの店舗経営能力が問われる。

③安くて良い仕入先が見つかっても，継続的に本部から仕入れざるをえない。

① 認知度のある屋号を使わないため，開店当初は集客に苦労する

通常のフランチャイズ契約と違って，店舗の屋号に有名なブランドを使わないため，少なくとも開店当初は集客に苦労することが想定されます。新しくできた店舗が有名なフランチャイズチェーン店の屋号であれば，顧客は初めから安心して利用してくれますが，新しいオリジナルの屋号の店舗となれば，店名だけで顧客が集まってくれることはないでしょう。「ここはおいしい店だ」といった評判が広まり，オリジナルの屋号の認知度やブランド力が高まれば，独自のブランドはとても魅力的ですが，そこに至るまでの努力も必要になるということです。その努力を惜しむようなオーナーなら，初めから「ステルスFC」は選択しない方が良いでしょう。

② 開業後のフォローがないため，オーナーの店舗経営能力が問われる

店舗の屋号だけでなく，開業後のフォローも原則ありませんので，思うように業績が伸びなくても，オーナー自身の創意工夫で何とかするしかありません。もちろん，それが自由にできるところが「ステルスFC」の良い点なのですが，それだけリスクも大きいということになります。

③ 安くて良い仕入先が見つかっても，継続的に本部から仕入れざるをえない

商材を本部から仕入れる点は，通常のフランチャイズとも同様，加盟店側に課される義務となるのが普通です。開業当初こそメリットになりますが，店舗経営を行う中で，仮に安くて良い仕入先が見つかったとしても，仕入先の変更ができないわけですから，そこまで考えれば，デメリットとも言えます。とは言え，本部から仕入れる商材は，既に成功している店舗と同じものですから十分な競争力を持っていますし，本部が各加盟店分を一括して仕入れて加工・製造することで，規模の経済が働き，加盟店の仕入価格もその分コストダウンされることになります。そのため，この点については，デメリットに感じない加盟店も多いと思われます。

(5) 本部にとってのメリット・デメリット

次に，本部にとってのメリットとデメリットを見ていきます。

本部にとってのメリットは，次の通りです。

〈本部にとってのメリット〉
①加盟店側の自由度が高く，ロイヤルティも抑えられるため，加盟店を集めやすい。
②加盟店が本部に依存しないため，オーナーのやる気を促しやすい。
③商材の提供先が安定的に確保できる。
④開業後のフォローが不要なため，手離れがよい。
⑤統一ブランドでないため，流行の影響を受けにくい。
⑥個性ある店舗展開ができるため，多様化する顧客嗜好に対応しやすい。

① 加盟店側の自由度が高く，ロイヤルティも抑えられるため，加盟店を集めやすい

「ステルスFC」の形態は自由度が高く，制約の多いフランチャイズ契約の加盟店になりたがらないオーナーにとっては魅力的に見えるため，やる気のある質の高い加盟店を集めやすくなります。また，コストのかかる開業後の経営指導をやらない分ロイヤルティを抑えられるため，それを負担に感じるオーナーへの魅力度も向上します。数多くのフランチャイザーが乱立し，加盟店獲得競争がますます激しくなっている現状を考慮すれば，これは本部にとって大きなメリットになります。

② 加盟店が本部に依存しないため，オーナーのやる気を促しやすい

「ステルスFC」の加盟店は，開業前は本部からノウハウ提供などの支援を受けられますが，開業後は本部からの支援はありませんので，客足が伸び悩んだ場合でも，自分で創意工夫し，業績を立て直す必要があります。従来のフランチャイズであれば，このような場合，オーナーは本部の支援不足のせいだと責任転嫁できるため，自分自身で何とかしようとする責任感が生まれにくいものです。その点，本部に依存できない「ステルスFC」の形態は，オーナーのやる気を促しやすい構造になっています。これも本部にとっての大きなメリットになります。

③ 商材の提供先が安定的に確保できる

商材の提供先が安定的に確保できる点は,「ステルスFC」のビジネスモデルの根幹であり,本部にとっての大きなメリットになります。卸先を開拓して自社の商材を提供する通常の卸売業者のビジネスモデルに比べると,単に商材を卸すだけでなく,その商材を活かしたメニュー作りから店舗の立ち上げまでをセットで行うこの「ステルスFC」のモデルは,卸先の事業拡大の可能性も高まり,ひいては卸売量の拡大も図りやすいというメリットがあります。

ただし,契約書に本部から仕入れることを加盟店の義務として規定したとしても,契約内容によっては,その規定自体が違法と見なされる可能性もありますので注意が必要です。安定した提供先の確保は,「ステルスFC」の生命線とも言えますので,契約書を作成する際には,どのような内容の規定にするか,専門家に相談することをおすすめします。

④ 開業後のフォローが不要なため,手離れがよい

加盟店開業後の手離れがよい点も,本部にとっては大きなメリットになります。通常のフランチャイズの場合,各加盟店への「継続的経営指導」を行いますので,加盟店数の増加に伴って各店舗を指導するスーパーバイザーも増やしていく必要があります。もちろん,加盟店が増加しても,業績が順調に伸びていれば,その分本部側のロイヤルティ収入も増加していきますので問題ありませんが,加盟店の業績が低調で,ロイヤルティ収入が伸びない場合は,固定的にかかるスーパーバイザーの人件費の負担が重くなり,本部の収益性が低下してしまうリスクがあります。その点,「ステルスFC」の場合は,開業プロデュースまで行ったとしても,開業後の支援は行わないため,加盟店の増加に応じて本部の体制を大きくする必要はありません。常に,新規加盟店の立ち上げに必要な体制さえあればよいことになりますので,通常のフランチャイズと比べて,とても手離れがよいと言えます。フランチャイズビジネスが拡大してもそれほど固定費が増えないこの構造は,仮に不採算店が多く発生した場合でも,本部の収益性にそれほど影響を与えないという点で,大きなメリットと言えます。このように,加盟金やロイヤルティを低く抑える一方で,手離れをよくし本部が本来負うべき多くのリスクを回避しているのが,「ステルスFC」の

大きな特徴と言えます。

⑤ 統一ブランドでないため，流行の影響を受けにくい

「ステルスFC」の大きな特徴である，加盟店が自由に屋号を付けられる点については，流行の影響を受けにくいというメリットがあります。例えば，ラーメン屋などは，味や提供スタイルなどにはやりすたりがあり，流行が去ってしまえば，繁盛店であっても急激に客足が遠のくことがあります。そのような業界において，特定の味や提供スタイルのブランド（屋号）を広めていくことは，ある意味リスクが大きいとも言えます。そこで，「ステルスFC」を展開する本部は，自社のブランドにこだわるよりは，各加盟店に自由に店舗名を付けてもらい，それを加盟するうえでの魅力として感じてもらう方が得策だと考えたわけです。

⑥ 個性ある店舗展開ができるため，多様化する顧客嗜好に対応しやすい

あえて統一した屋号を使わず個性ある店舗展開ができることで，多様化する顧客嗜好に対応できる点も，「ステルスFC」の大きなメリットのひとつになります。もちろん，味が計算できるチェーン店は安心して利用できる点ではよいのですが，いつも同じメニューや味，店の雰囲気で外食しているとどうしても飽きてしまうものです。かえって，あまり知られていないこだわりの味の店に魅力を感じ，それらを探して回るグルメの方も多いのではないでしょうか。そのような人にとってみれば，むしろありふれたチェーン店よりは，個性あふれるオリジナルの店の方が，魅力的に映るかもしれません。顧客嗜好が多様化し，このような顧客が増加してきたことも，あえて統一ブランドを使わず，個性ある店舗展開を目指す「ステルスFC」を後押しする要因のひとつと言えます。

次に，本部にとってのデメリットを見てみましょう。

〈本部にとってのデメリット〉

①収入源が商材の卸代金だけであり，加盟店の客足が伸びなければ売上は小さ

い。
②加盟店が繁盛するかどうかはオーナーしだいであり，コントロールができない。
③自社のブランド展開にはつながらない。

① 収入源が商材の卸代金だけであり，加盟店の客足が伸びなければ売上は小さい

「ステルスFC」の場合，収入は基本的に商材の卸代金となるため，いくら加盟店を増やしても，加盟店の客足が伸びず，商材の供給量が拡大しなければ，本部として大きな売上を上げることはできません。この点は，本部にとってのデメリットのひとつになります。

② 加盟店が繁盛するかどうかはオーナーしだいであり，コントロールができない

客足の伸びない店舗に対して，通常の本部のように，スーパーバイザーが業績改善の指導をすることもないため，加盟店が繁盛するかどうかは，オーナーの創意工夫にかかっています。そのため，通常のフランチャイズと比べて，「ステルスFC」は本部が加盟店の収益をコントロールしにくいという特徴を持っています。

③ 自社のブランド展開にはつながらない

店舗の屋号は加盟店ごとに異なってくるため，通常のフランチャイズのように，自社のブランドを広く展開していくことはできなくなります。その点もデメリットのひとつと言えます。

(6) ステルスFCの実例

では，次に，この「ステルスFC」を展開している実例を見ていきましょう。

この形態で多くのチェーン展開をしているのがラーメン屋です。

ラーメン屋の場合，競合店が多く存在するとともに，その味や形態に流行があるのが特徴です。そのため，長続きする店舗はごくわずかであり，次から次

に新店がオープンしては閉店していきます。ある調査（飲食店の出店開業支援サイト「飲食店.COM」が発表した「閉店した飲食店の業態と営業年数の調査結果」（2015年））によれば，閉店したラーメン屋の7割以上が開店後3年以内に閉店しており，4割以上はわずか開店後1年以内に閉店しているのです。このような，移り変わりの激しい業態では，統一したフランチャイズブランドにこだわらない「ステルスFC」のような形態が多くなります。

ラーメン屋で「ステルスFC」を積極的に導入している事例として有名なのが家系ラーメンのG社です。「加盟金ゼロ，ロイヤルティゼロ，開業プロデュース無料」をいち早く打ち出したことで『日経MJ』（2019年10月4日発売号）にも取り上げられるなど，「ステルスFC」の名前とともに注目を浴びる存在となっています。

G社は，創業以来，自社ブランドで多くの家系ラーメンの店舗展開を行う一方で，この「ステルスFC」の手法で，それぞれ異なる店舗名を付けた300以上の加盟店の開業をプロデュースし，2020年には東証一部に上場を果たすなど事業の拡大に成功しています。

このG社のケースを例に，もう少し「ステルスFC」の内容を具体的に見ていきましょう。

まず，基本となるメニューは，本部から仕入れるスープや麺を最大限に生かせるものとなっており，加盟店と本部が一体となって開発します。その際，スープの濃さや麺の太さなども，加盟店の好みで指定できるようになっています。スープや麺は，本部の工場で作り，各加盟店に卸されます。本部の工場でまとめて加工しているため，商材の加工コストが抑えられ，効率的で安定した品質のものが提供できているのです。各店舗への卸価格には，本部の経費や開業プロデュースにかかった費用なども上積みされているはずですので，加盟店から見ると，多少割高に思えるかもしれませんが，初めから成功している味で勝負することができるわけですから，必ずしも高いとは言えません。加工済みのスープや麺を仕入れることで，深夜に何時間もかけてダシをとる作業も不要となり，その分人件費を減らすこともできます。

また，G社では，スープや麺などの原材料の提供だけでなく，開業に向けた準備の段階で飲食店経営のノウハウも併せて提供しています。おいしいラーメンを出すだけで簡単に儲かるほど商売は単純ではありません。既に成功している店舗のノウハウを本部から提供してもらうことで，店舗経営の経験の少ないオーナーはとても助かります。また，本部としても，加盟店に繁盛してもらわなければ，肝心の原材料の仕入量が伸びず，本部の売上にもつながりません。本部にとって，直接の収入源は原材料の卸による売上になりますが，それを拡大するためにも，この開業プロデュースはとても重要なのです。

G社は，このような「ステルスFC」の形態をとることで，従来のような制約の多いフランチャイズへの加盟を望まないオーナーに，新しいフランチャイズの魅力を提供することになりました。そして，「加盟金ゼロ，ロイヤルティゼロ，開業プロデュース無料」を打ち出すことにより，多くの加盟店の獲得に成功しました。

3. 開業プロデュース型FC

(1) 開業プロデュース型FCとは

前項で見てきた「ステルスFC」と同じく，本部の提供機能の一部のみを提供する形態ですが，「ステルスFC」とは異なり，「差別化商材提供」機能は提供せず，「開業プロデュース」機能に特化しているのが特徴です。

また，「ステルスFC」と同様，コストのかかる「継続的経営指導」は原則行わないため，その分ロイヤルティは無料もしくは安価に抑えられているケースが一般的です。

〈開業プロデュース型FCの特徴〉

- 店舗名は，決められた屋号でなく，自由に決められる。
- メニューや店舗の内外装も，ある程度自由に決められる。
- 商材の仕入れ先も自由に決められる。
- 開業にあたり，店舗経営のノウハウが提供される。

(2) 加盟店にとってのメリット・デメリット

「開業プロデュース型FC」のメリットやデメリットには，どのようなものが

図表10-3　開業プロデュース型FCにおけるフランチャイザーの提供機能

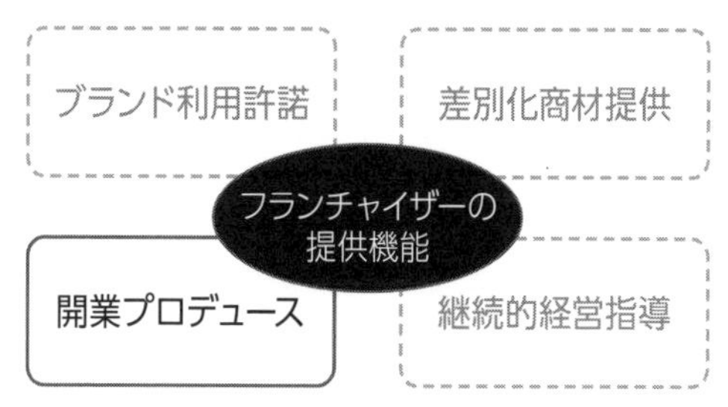

出典：筆者作成

あるのでしょうか。まずは，加盟店にとってのメリットとデメリットについて見ていきます。

加盟店にとってのメリットは次の通りです。

〈加盟店にとってのメリット〉
①店舗名やメニュー・店舗の内外装などを自由に決められる。
②商材の仕入れ先も自由に決められる。
③店舗経営のノウハウを提供してもらえる。

① 店舗名やメニュー・店舗の内外装などを自由に決められる

「ステルスFC」と同様，店舗名やメニュー，店舗の内外装などを自由に決められる良さがあります。

② 商材の仕入れ先も自由に決められる

「ステルスFC」との大きな違いは，商材の仕入れ先も自由に決められる点です。もちろん，自ら仕入先を探す負担は増しますが，個人店舗とほぼ変わらない運営ができることになるため，それを望むオーナーにとっては大きなメリットになると言えます。

③ 店舗経営のノウハウを提供してもらえる

「開業プロデュース型FC」の特徴である開業時の店舗経営ノウハウの提供

は，店舗経営を始めるオーナーにとっては，とても心強いサービスであり，大きなメリットです。開業前に，既に成功実績のある本部のノウハウを教えてもらえるわけですから，開業後に一から試行錯誤していくのに比べて，成功する確率は高まりますし，業績の拡大スピードも速まることが期待できます。

一方，加盟店にとってのデメリットには，どのようなものがあるのでしょうか。

〈加盟店にとってのデメリット〉
①認知度のある屋号を使わないため，開店当初は認知度がなく集客に苦労する。
②開業後のフォローがないため，オーナーの店舗経営能力が問われる。
③商材の仕入れ先を自分で開拓する必要がある。

① 認知度のある屋号を使わないため，開店当初は認知度がなく集客に苦労する

「ステルスFC」の場合と同様，自由度の高さを手にすることの裏返しになりますが，認知度のある屋号を使いませんので，開店当社は集客に苦労することになります。

② 開業後のフォローがないため，オーナーの店舗経営能力が問われる

これも「ステルスFC」と同様ですが，開業後のフォローがないため，オーナーの店舗経営能力が問われます。その点に不安を感じる加盟店にとってはデメリットになります。

③ 商材の仕入れ先を自分で開拓する必要がある

「ステルスFC」の場合とは異なり，商材の仕入れ先を自分で開拓する必要が出てきますので，その業界に詳しくないオーナーにとっては，デメリットに感じられるでしょう。メリットとデメリットは表裏一体です。それをメリットと感じるか，デメリットと感じるかです。それをデメリットと感じるオーナー

は，この形態は選択しない方がよいでしょう。

(3) 本部にとってのメリット・デメリット

次に，本部にとってのメリットを見てみましょう。

〈本部にとってのメリット〉
①加盟店側の自由度が高く，ロイヤルティも抑えられるため，加盟店を集めやすい。
②統一ブランドを使わないため，多様化する顧客嗜好に対応しやすい。
③開業後のフォローが不要なため，手離れがよい。
④加盟店の業績の良し悪しに本部の売上が左右されない。

① 加盟店側の自由度が高く，ロイヤルティも抑えられるため，加盟店を集めやすい

「ステルスFC」の場合と同様に，加盟店の自由度が高い点や，開業後の経営指導をやらない分ロイヤルティを抑えられる点は，オーナーへの魅力度を向上させますので，加盟店獲得競争が激しくなっている現状では，本部にとって大きなメリットになります。

② 統一ブランドを使わないため，多様化する顧客嗜好に対応しやすい

これも「ステルスFC」と同様ですが，統一ブランドでなく，加盟店が自由に屋号を付けられますので，はやりすたりによって，せっかく浸透したブランド価値が下がってしまうような心配をする必要がありません。そういう意味では，多様化する顧客嗜好に対応しやすいと言えます。

③ 開業後のフォローが不要なため，手離れがよい

通常のフランチャイズの提供機能である開業後の「継続的経営指導」も，「ステルスFC」の場合と同様提供しませんので，開業後の手離れはよいと言えます。

④ 加盟店の業績の良し悪しに本部の売上が左右されない

「ステルスFC」と異なる点としては，本部の収入の源泉が，開業時のプロデュース料のみとなりますので，加盟店の業績の良し悪しに本部の売上が左右されないというメリットがあります。もちろん，開業後に加盟店の業績が少しでも上がるように開業前に経営ノウハウを提供するのですが，どうしても加盟店によっては業績が低迷するところが出てくるものです。「ステルスFC」であれば，業績が低迷した店舗の仕入れ量が少なくなり，本部の売上もその分減少することになりますが，この「開業プロデュース型FC」はその影響を受けません。そのようなリスクを回避できるという点は，本部にとってのメリットになります。

次に，本部にとってのデメリットも見ていきましょう。

〈本部にとってのデメリット〉
①開業後に加盟店の業績が伸びても，本部の売上は拡大しない。
②自社のブランド展開にはつながらない。

① 開業後に加盟店の業績が伸びても，本部の売上は拡大しない

「開業プロデュース型FC」の特徴でもありますが，本部の売上は開業プロデュース料のみとなりますので，開業後に加盟店の業績が伸びても，それに伴って本部の売上が増えることはありません。加盟店の業績が伸びていく前提で考えれば，その点はデメリットと言えます。

② 自社のブランド展開にはつながらない

店舗の屋号が加盟店ごとに異なるため，通常のフランチャイズのように，自社のブランドを広く展開していくことができない点については，「ステルスFC」の場合と同様です。

(4) 開業プロデュース型FCの実例

開業プロデュース事業については，多くの事業者が実施しています。支援す

る対象業種も，飲食店はもとより，カフェ，美容室，ネイルサロン，クリニック，コインランドリー，小売店と多岐に渡っています。また，開業ノウハウそのものを売りにしている事業者から，開業に必要な設備の販売を目的としたような事業者まで，その特徴も様々です。

いずれの開業プロデュース事業者も，店舗のコンセプト開発から，店舗物件選定，資金調達，内外装のデザイン，メニューの開発，仕入ルートの紹介，オペレーションマニュアルの作成，スタッフの募集・教育，経営アドバイス，開業時のプロモーション，開業直後のフォローまで，幅広い支援メニューを提供しています。

4. 売上保証型FC

(1) 売上保証型FCとは

ここまで見てきた，「ステルスFC」や「開業プロデュース型FC」は，いずれも本来フランチャイザーが提供すべき機能の一部のみを提供する形態でした。一方，「売上保証型FC」は，それらの機能をすべて提供していますので，その点では通常のフランチャイズとまったく同じですが，開業から一定期間の売上を保証するという点が異なっています。

〈売上保証型FCの特徴〉

- 本来フランチャイザーが提供すべき機能はすべて提供する。
- 売上が一定の水準に届かなかった場合にその差額を保証する。
  （開業から一定期間のみとするケースが多い）

一般的に，店舗を開業した直後は，なかなか売上が伸びないものです。その一方で，人件費や家賃，光熱費等のコストは固定的にかかるため，ある程度軌道に乗るまでは，厳しい経営状態が続くことは，多くの店舗オーナーが経験しているのではないでしょうか。それでも，業績が上向いてくればよいのですが，いつ上向くかわからない中，経験の浅いオーナーは不安な思いをすることになります。そのような不安を解消するために，加盟店の売上が一定の水準に届かなかった場合に，その差額を本部が負担する制度を設けているところがあります。たいていの場合は，開業後の一定期間のみという制限がついています。ここでは，それを便宜上，「売上保証型FC」と呼ぶことにします。

(2) 加盟店にとってのメリット・デメリット

「売上保証型FC」について，加盟店にとってのメリットを見ていきましょう。

〈加盟店にとってのメリット〉
①売上保証があることで安心して開業できる。
②売上保証期間に試行錯誤ができるため，結果的に業績が向上する確率が高い。

① 売上保証があることで安心して開業できる

加盟店にとっての最大のメリットは，売上保証があることでオーナーが安心して開業できることです。特に，店舗経営の経験がないオーナーにとっては，非常に魅力的な条件となります。ただし，売上保証は，あくまでも売上の補填であり，そこから従業員の給料や家賃，光熱費などを支払った残りがオーナーの取り分になりますので，オーナー自身の給料まで保証されるとは限らない点には注意が必要です。

② 売上保証期間に試行錯誤ができるため，結果的に業績が向上する確率が高い

安心して開業できるだけでなく，開業直後に実際に業績が上がらなかった場合でも，売上保証期間があるため，その間に経営改善の試行錯誤をする余裕が生まれ，結果的に業績が向上する確率も高まります。売上保証がなければ，経営改善どころではなく，給料や経費の支払いに追われ，結果的にいつまでたっても業績が向上しないという悪循環に陥る可能性があります。

ただし，売上保証には通常，期限が設けられますので，それまでの間に経営改善を図り，売上保証がなくても経営できる水準まで売上を伸ばしておくこと

が求められます。売上保証は，どうしても売上が伸びなかった場合のセーフティネットとして考えるべきであり，加盟店のオーナーは売上保証に頼らない経営を目指していく必要があります。

一方，加盟店にとってのデメリットは次の通りです。

〈加盟店にとってのデメリット〉
①売上保証がある分，加盟金やロイヤルティが割高になる場合がある。
②売上保証があることで安心してしまい，業務改善の意欲が高まらない。

① 売上保証がある分，加盟金やロイヤルティが割高になる場合がある

本部として売上を保証するからには，その原資が必要となります。その原資は，加盟金やロイヤルティに上乗せされていると考えるのが自然です。それでも，いざという時の保証があることに魅力を感じるオーナーが多いため，この「売上保証型FC」が注目されているのです。

② 売上保証があることで安心してしまい，業務改善の意欲が高まらない

これもメリットの裏返しになりますが，売上保証期間があることで業務改善をする余裕が生まれる一方，その状態に安住してしまい，かえって業務改善が進まないケースも考えられます。売上保証はあくまでもいざという場合の保証と考え，初めからそれに依存するようなオーナーには，この形態は向いていないと言えます。

(3) 本部にとってのメリット・デメリット

次に，本部にとってのメリット・デメリットについて見ていきましょう。
本部にとってのメリットは次の通りです。

〈本部にとってのメリット〉
①安心して開業できる点を訴求できるため，多くの加盟店を集めやすい。
②経営改善をする余裕が生まれることで，結果的に加盟店の業績が上がる。

① 安心して開業できる点を訴求できるため，多くの加盟店を集めやすい

本部としての最大のメリットは，開業する際のオーナーの不安を払しょくできるため，加盟店が集めやすくなることです。フランチャイザー間の加盟店獲得競争が激しくなっている中において，売上保証は大きな差別化のポイントになります。また，開業をためらっている人を開業に踏み切らせる効果もあり，そういう意味でも獲得できる加盟店は増えることになります。

② 経営改善をする余裕が生まれることで，結果的に加盟店の業績が上がる

加盟店にとってのメリットの②でも述べたとおり，売上保証期間があることで，開業後すぐに業績が上がらなかったとしても，オーナーが慌てずに試行錯誤をして経営改善を図ることが可能となり，結果的に加盟店の業績が上がりやすくなります。加盟店の業績が上がれば，本部のロイヤルティ収入も増えるため，本部にとってもこれは大きなメリットになります。

一方，本部にとってのデメリットは次の通りです。

〈本部にとってのデメリット〉
①想定以上に売上保証の出費がかさむリスクがある。
②業務改善意欲が高まらないオーナーが出てくるリスクがある。

① 想定以上に売上保証の出費がかさむリスクがある

売上保証をする資金を確保するため，加盟金やロイヤルティに一定の額を上乗せしていると想定されますが，これは実際にどの程度売上保証の出費が必要となるかを想定したうえで算定しているはずです。そのため，その想定以上に売上保証が必要となる業績不振店が出てしまうと，それだけ売上保証の出費もかさむことになります。このようなリスクがあるという点はデメリットになります。

② 業務改善意欲が高まらないオーナーが出てくるリスクがある

加盟店にとってのデメリットの②でも述べたとおり，売上保証があること

で，その状況に依存してしまい，かえって業務改善が進まず，ひいてはロイヤルティ収入が伸びなくなるというリスクも抱えています。その点もこの「売上保証型FC」のデメリットになります。

(4) 売上保証型FCの実例

加盟店への売上保証は，主要コンビニエンスストアでも提供するなど，既に多くの本部で実施されています。保証の方法も，売上総額を保証する方法のほか，粗利額を保証する方法など，それぞれ少しずつ異なりますが，店舗利益そのものを保証するものではないという点は共通しています。

(5) 制度設計上の留意点

売上保証額の水準と設定期間の長さについては，慎重に決める必要があります。例えば，売上保証額が高すぎれば，加盟店側からすれば，それだけ安心して開業できますが，余裕がありすぎることで，オーナーに改善意欲が湧きにくくなり，結果的に業績向上につながらないケースが出やすくなってしまいます。逆に，売上保証額が低すぎれば，加盟店を集める効果は薄くなってしまいます。また，設定期間についても，長すぎれば，やはり余裕がありすぎることで，加盟店側が本部に依存し，結果的に売上が拡大しないことになりかねません。逆に，短かすぎれば，加盟店にとっての魅力は小さくなります。そのため，加盟店オーナーの意欲と安心感の両方のバランスを考えて設定する必要があります。

売上保証額とロイヤルティ額のバランスも重要です。売上保証額を高額にするかわりに，その分ロイヤルティに上乗せする形で高めに設定するケースもあります。ロイヤルティは，加盟店にとっては大きな費用負担となりますので，いくら売上保証額が高額でも，ロイヤルティの負担感が大きくては加盟店にとっての魅力が低下します。逆に，ロイヤルティを抑えていれば，売上保証額がそれほど高額でなくても，加盟店にとっての魅力は大きく下がらないかもしれません。

また，売上保証額や期間を決める際には，立地条件も十分に考慮する必要があります。人口の少ない地域への出店など，そもそも売上が伸びにくく，安定した経営ができるまでに時間がかかることが想定される場合には，水準や期間もそれなりに設定しておく必要があります。

5. のれん分け

(1) のれん分けとは

日本には，古くから，長年働いた奉公人に，同じのれん（家紋や屋号）を使って店を出すことを認める「のれん分け」という習慣がありました。これは，経営者が長年会社に貢献してくれた従業員に対して，感謝の意味も込めて，自社のブランドやノウハウを使って独立することを認める制度です。これによって，のれんの格式や伝統を長年守ることができたのです。そして，この文化は現代にも引き継がれており，従業員の独立志向が旺盛な飲食店や美容院などにおいて，現代風にアレンジされ，取り入れられています。

(2) 本来のフランチャイズとの違い

本来のフランチャイズとの一番の違いは，加盟店のオーナーになる人が，まったくの第三者ではなく，自社の従業員であるという点です。

フランチャイズの場合，加盟店になろうとするオーナーは，本部のビジネスについてよく知りませんし，その業種で働いた経験がない人も多くいます。そのため，本部はマニュアルを整備してしっかり研修し，開業後も継続的に店舗指導を行います。また，少なくともフランチャイズに加盟した時点では，本部と加盟店の間には信頼関係が構築できていないため，その後のトラブル防止のために，詳細まで規定したフランチャイズ契約書を締結する必要が出てきます。

一方，「のれん分け」の場合，独立する従業員は，既に独立前からその店舗で働いており，業務に関する知識や経験を十分に備えています。そのため，「のれん分け」で独立した後はそれほど指導する必要はありません。また，独立する従業員とは，独立前に十分に信頼関係が構築できているため，独立後にトラブルとなることも少ないと思われます。そのためか，以前は，厳密な定めをしないまま，「のれん分け」をするケースが多くありました。中には，口約束だけでブランドやノウハウの使用を許可するような本部もあったほどです。昔は，このようなやり方でも，比較的うまくいくことが多かったのでしょう。

(3) のれん分けの変化

しかし，「のれん分け」に対する考え方も，時代の流れとともに変化してきています。昔の「のれん分け」は，会社から従業員への恩返しのために独立という選択肢を提供しており，そこには本部側の利益拡大という要素はあまり含まれていませんでした。それに対し，現代の「のれん分け」は，従業員への恩返しという要素も残ってはいますが，次のような本部側の利益を追求する傾向が強くなってきています。

- 本部の多店舗展開が推進しやすくなる。
- 独立志向の強い人にとっての魅力が向上し，優秀な人材が採用しやすくなる。
- 本部の安定的な収益が確保しやすくなる。

このような目的での「のれん分け」制度が一般的になってくると，当然，ある程度勤めたら早々に独立したいという独立志向の強い人が多く入社してきます。そのため，入社してから「のれん分け」制度を使って独立するまでの期間も，昔より短くなってきました。独立することを前提に入社した人にとって，できるだけ短期間で独立したいと思うのは自然なことです。しかし，このような短期間で，独立者に求められる能力や資質を十分に身につけることは難しく，また本部との間でしっかりとした信頼関係を構築できるとも限りません。そこで，どうしても，独立時やその後のサポートが必要になりますし，トラブルが発生した場合を想定した制度作りも重要になってきます。

このように，「のれん分け」によって独立する従業員の経験値の低さや，本部との信頼関係の薄さを考慮すれば，現代の「のれん分け」は，伝統的な「のれん分け」ではなく，むしろフランチャイズの一形態であると考えた方がいいでしょう。経験を積んだ信頼できる従業員を前提とした昔ながらの「のれん分け」の考え方は通用しなくなっているからです。したがって，昔のように口約束だけで独立を認めることは，非常にリスクが大きく，「のれん分け」についても，フランチャイズの一形態として，しっかりとした契約を取り交わす必要があるのです。

(4) 加盟店にとってのメリット・デメリット

まずは，加盟店にとってのメリットについて見ていきましょう（「のれん分け」で独立する店舗を加盟店と呼ぶのは，やや違和感がありますが，ここでは便宜上，そのように表現します）。

〈加盟店にとってのメリット〉

（フランチャイズと比較した場合）

①ノウハウや顧客もそのまま引き継げ，加盟店が成功する可能性が高い。

（直営店と比較した場合）

②従業員の立場のままでは得られないような，高収入を得られる可能性がある。

① ノウハウや顧客もそのまま引き継げ，加盟店が成功する可能性が高い

本来のフランチャイズに近づいてきたとは言え，加盟店のオーナーが第三者なのか，従業員が独立してオーナーとなるのかという点は大きな違いです。「のれん分け」の場合，本部の直営店の店長を経験する中で獲得したノウハウや顧客を独立後もそのまま引き継げるため，店舗経営が成功する可能性は高いと言えます。この点は，加盟店にとっての大きなメリットになります。

② 従業員の立場のままでは得られないような，高収入を得られる可能性がある

そのまま従業員の店長として残るケースと比較した場合，同じ店長でも独立したオーナーとして経営することになるため，業績さえ伸ばすことができれば，従業員の立場のままでは得られなかったような高額の収入を得ることもできるようになります。これは，独立を目指す従業員店長の大きなモチベーショ

ンになります。

一方，加盟店にとってのデメリットは次の通りです。

〈加盟店にとってのデメリット〉
（フランチャイズと比較した場合）
①独立時期等は自分だけで決められない。

（直営店と比較した場合）
②店舗の業績が悪化した場合のリスクを個人として負う。

① 独立時期等は自分だけで決められない

フランチャイズの場合は，自分の好きな時期に加盟店契約をして開業できますが，「のれん分け」の場合は，いったん従業員として入社するため，「のれん分け」制度の内容にもよりますが，独立時期やその条件等をすべて自分だけで決めることは難しく，その点はデメリットになるかもしれません。

② 店舗の業績が悪化した場合のリスクを個人として負う

直営店の店長として続けていれば，例え業績が悪化したとしても自分の給料が大きく減少することはなく，またその責任範囲も限られていますが，「のれん分け」とは言え，独立すれば，業績が悪化した場合のリスクはすべて自分個人が追うことになります。業績が向上した場合に高額収入が得られる可能性も増えるため，一概にこれがデメリットとは言えませんが，いずれにせよ独立するわけですから，リスクが大きくなるのは間違いありません。

(5) 本部にとってのメリット・デメリット

次に，本部にとってのメリットについて見ていきましょう。

〈本部にとってのメリット〉
（フランチャイズと比較した場合）

①加盟店の支援に手間がかからないため，手離れがよい。
②オーナーの質が担保できる。

（直営店と比較した場合）
③本部のマネジメントコストが抑えられる。
④独立志向の強い優秀な人材を獲得しやすい。
⑤個人として独立してしまう人材流出を防ぎ，多店舗展開につながる。

① 加盟店の支援に手間がかからないため，手離れがよい

フランチャイズと比べた場合，加盟店の店長は十分経験値を積んだうえで独立するため，加盟店支援の手間がかからず，手離れがよいというメリットがあります。

② オーナーの質が担保できる

本部が選定した従業員を独立させるため，第三者がオーナーになるフランチャイズと比べ，加盟店オーナーの質が担保され，本部としても安心して店舗展開ができるというメリットがあります。

③ 本部のマネジメントコストが抑えられる

一方，直営店で多店舗展開を図るケースと比べた場合，独立した加盟店となる分，本部による店舗のマネジメントコストが低く抑えられ，少ない資産で効率的な多店舗展開ができるというメリットがあります。

④ 独立志向の強い優秀な人材を獲得しやすい

また，「のれん分け」制度が整備されていることで，独立志向の強い店長候補となる優秀な人材が獲得しやすくなるというメリットもあります。いくら独立志向が強いとはいっても，いきなり独立するのにはリスクが伴います。それよりは，いったん従業員として入社し，安定した収入を稼ぎながら，独立に向けたノウハウを蓄積していく方が確実です。この「のれん分け」は，その両者の思惑が一致する制度と言えます。

⑤ 個人として独立してしまう人材流出を防ぎ，多店舗展開につながる

従業員が個人として独立してしまった場合は，単なる人材流出となってしまいますが，「のれん分け」による独立であれば，引き続きブランド価値の向上に貢献してくれることになるうえ，一定額のロイヤルティ収入も計算できるため，この点もメリットになります。

一方，本部にとってのデメリットは次の通りです。

〈本部にとってのデメリット〉
（フランチャイズと比較した場合）
①雇用・育成が必要となり，その分時間とコストがかかる。

（直営店と比較した場合）
②全体の売上規模は小さくなる。

① 雇用・育成が必要となり，その分時間とコストがかかる

フランチャイズであれば，加盟店のオーナーは自社で雇用・育成をする必要はありませんが，「のれん分け」の場合は，いったん従業員として雇用・育成をしていく必要があるため，その分の時間とコストがかかります。その点は，「のれん分け」のデメリットと言えます。

② 全体の売上規模は小さくなる

直営店で展開していくケースと比べた場合，各店舗の売上がすべて本部の売上になるわけではないので，ロイヤルティ収入はあるものの，全体の売上規模は小さくなり，その点もデメリットになると言えます。

(6) のれん分けの実例

「のれん分け」制度を活用している実例として，比較的伝統的な「のれん分け」に近いタイプのものと，非常に現代的なタイプのものとの2種類を紹介します。

前者の代表例は，全国に200店舗以上の美容院を展開するE社です。E社はキャリアプランのひとつとして「のれん分け」による独立の道も用意していますが，必ずしも独立ありきの制度ではなく，社内でのキャリアアップも十分可能な仕組みになっています。

一方，後者の代表例は，全国に1,000店舗以上のカレー専門店を展開するI社です。こちらは，「のれん分け」の形態はとっていますが，伝統的なそれとはかなり異なるものであり，まさに新しいフランチャイズの形態の典型と言っていいでしょう。I社の「のれん分け」は，ほとんど通常のフランチャイズと同じ仕組みです。

唯一違うのは，いきなり加盟店オーナーにはなることはできず，いったんI社に入社する必要があるという点です。従業員として十分に店舗経営のノウハウや経験を積んではじめて，独立して加盟店オーナーになることができるのです。この仕組みによって，加盟店オーナーの質を担保しており，開業10年以内の廃業率が1割以下という高い店舗継続率を実現しています。ここまでくると，伝統的な「のれん分け」の特徴である従業員への恩返しの要素はなく，加盟店オーナーの質の向上を図るための工夫をしたフランチャイズであると捉えた方が理解しやすいように思います。

なお，I社は独立後のロイヤルティが無料であることも売りにしており，その点でも典型的なフランチャイズとは異なっていますが，その分は加盟店に卸す原材料代に上乗せして回収しているはずであり，単に回収方法の違いと考えた方がよいでしょう。

6. まとめ

(1) フランチャイズの範囲

本章において，ここまで見てきた「ステルスFC」のような新しい形態のフランチャイズは，もはやフランチャイズとは言えないのではないか。そのような声を聞くこともあります。そもそも，フランチャイズとは何なのでしょうか。どこまでをフランチャイズというのでしょうか。

第1章でも述べたとおり，多くの国にはフランチャイズ法というものが存在し，明確にフランチャイズが定義されていますが，残念ながら日本ではフランチャイズ法が制定されておらず，法的な定義も不明確なままです。そのため，どこまでをフランチャイズと定義するのか，人によって意見が分かれてしまっています。では，この日本において，フランチャイズの定義をあれこれ議論することは，意味のないことなのでしょうか。

このグローバル化の時代，ビジネスにおける国境はどんどんなくなっています。したがって，フランチャイズビジネスも，日本国内に閉じて考えている時代は過ぎ，これからはもっと世界にも目を向けて考える時代になっているのです。実際，日本においてフランチャイズ展開している事業者も，これからはどんどん海外に進出していくようになるでしょう。そうなれば，いやでも，海外におけるフランチャイズの仕組みに合わせていく必要が出てきます。そこで，ここでは，フランチャイズの範囲についても，海外のフランチャイズ法も踏まえて，グローバルな視点から考えてみようと思います。

(2) グローバル視点でのフランチャイズとは

海外のフランチャイズ法をもとにグローバルな視点でフランチャイズを定義すれば，それは「自社で成功した店舗ビジネスのノウハウを商品としてパッケージ化し販売すること」であり，「それを通じて，より多くの加盟店を成功に導くことで，販売先となる加盟店を増やし，事業を拡大していくこと」だと考えます。

ここで，大事なことは，通常は自社の中に蓄積する店舗ビジネスのノウハウを商品にして販売するという点です。そう考えれば，本章でご紹介した「ステルスFC」や「開業プロデュース型FC」，さらには「のれん分け」についても，すべてが加盟店に店舗ビジネスのノウハウを提供してその対価を得ていますので，すべて「フランチャイズ」であると言えるのです。店舗名にブランドを使用しなかったり，継続的経営指導がなかったとしても，ノウハウを商品として販売していることに変わりはなく，その提供方法が少しずつ異なっているだけなのです。

そして，この定義が表すもうひとつの大事なことは，「より多くの加盟店を成功に導くことで，販売先となる加盟店を増やし，事業を拡大していく」とい

図表10-4　フランチャイズパッケージの販売

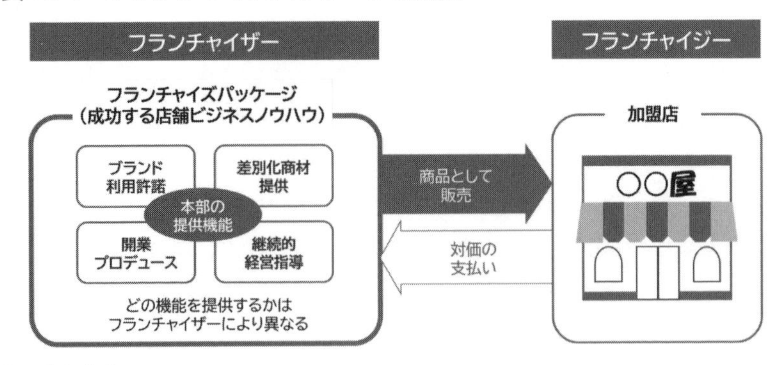

出典：筆者作成

う点です。すなわち，フランチャイズビジネスでは，加盟店を集めて終わりなのではなく，集めた加盟店を成功に導くことが重要になってくるのです。フランチャイザーとフランチャイジーの双方がハッピーでなければうまくいかないのです。いくらフランチャイザーが儲かっても，フランチャイジーの店舗が繁盛していなければ，そのビジネスは失敗と言っていいでしょう。店舗が繁盛していないフランチャイズチェーンには，新たな加盟店は集まって来ません。つまり，「加盟店を集める」→「加盟店が成功する」→「さらに加盟店が集まる」という連鎖，すなわち「フランチャイズの成功サイクル」を回すことがフランチャイズビジネスにおいては重要なのです。

そして，このサイクルはまったく同じ軌道を描いて回り続けるのではなく，日々変化する環境に対応し，常に進化し続けながら回る必要があります。1年前には成功したノウハウであっても，顧客嗜好の変化や競合他社の進出などによって，今でも成功するとは限らないからです。したがって，フランチャイザーは，そのような市場環境の変化に合わせて，販売する商品であるノウハウの内容を改良し続ける必要があるのです。さきほどの，「フランチャイズの成功サイクル」を例にとれば，そのサイクルの軌道を常に見直し，同心円ではなく，スパイラル的に回していくイメージです。ここでは，これを「フランチャイズの成功スパイラル」と呼びます。

繰り返しになりますが，この「フランチャイズの成功スパイラル」を回すた

図表10-5　フランチャイズの成功サイクル

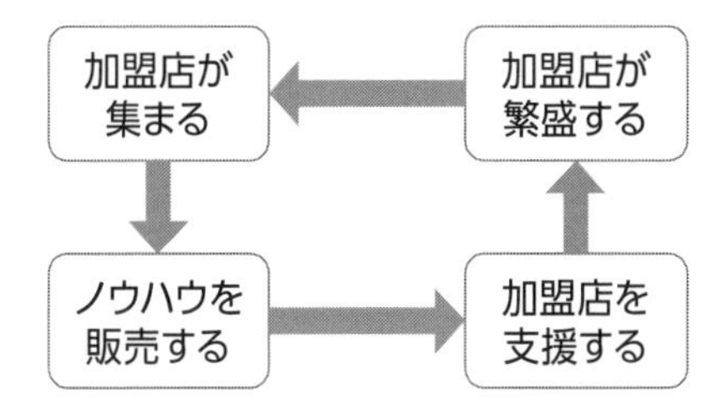

出典：筆者作成

図表10-6　フランチャイズの成功スパイラル

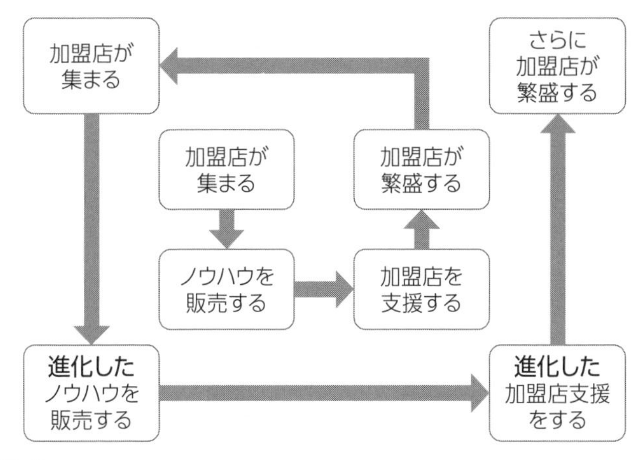

出典：筆者作成

めには，フランチャイザーが，フランチャイジーを集めることを目的とするのではなく，集めたフランチャイジーをどう成功に導くかを意識して運営していくことが重要になってきます。そういう意味では，本章で取り上げた新しいフランチャイズの形態も，より多くの加盟店を獲得するための新しい手段として注目されてはいますが，本来は，これらの新しい形態によって，どのようにフランチャイジーの業績向上につなげるか，という観点で議論されるべきなのです。したがって，ロイヤルティを下げて加盟店を集めやすくしたいとか，開業後の手離れをよくしてリスクを低減したいというフランチャイザー側の都合だけで，安易に開業後のサポートを省略してしまうのではなく，集めた加盟店をいかに成功に導くかという観点から制度設計をすることが，フランチャイザーには求められます。それがあって初めて成功するモデルになるのです。

フランチャイザーとフランチャイジーの皆さまには，これらのことを踏まえ，互いに協力し，一緒になってビジネスを成功させようという強い想いを持って，フランチャイズビジネスに取り組んでいただきたいと思います。

COLUMN

子供の国キッザニア

2006年に初めてキッザニア東京が日本に出来ました。キッザニアは4歳から14歳の子供たちだけが入場できる施設で，施設内では多くの会社やお店が立ち並んでいます。子供たちは様々な職業に就いて独自の通貨を，対価として受け取ります。それを預ける銀行や買い物できるお店があり自分で考えて行動します。これら企業やお店は実際の企業がパートナーとして，キッザニアのフォーマットに従って自社のサービスをこの子供の国で提供しています。

このキッザニアは1999年にメキシコのサンタフェで初めて開園しました。フランチャイズシステムとしてキッザニア施設を開設・運営するフレームワーク（知的財産，デザイン，テーマ，ノウハウ，業務マニュアル）を提供し，国ごとにフランチャイジーとなるパートナーと協力してマスタープラン展開や立地選択を行っています。

キッザニアの創立者であるXavier Lopez Ancona等は，子供たちが様々な職業体験や集団行動を通じて自己主張し責任を持てる機会を持つことで，大人になって優秀な世界市民になるための準備をすることを目指しています。

日本は，キッザニアにとっても初めての海外フランチャイジーです。ケンタッキーフライドチキンやトニーローマ等多くの外食産業のフランチャイズ権を獲得してきた住谷栄之資氏が，フランチャイズ権を獲得し，2年でキッザニア東京をオープンしました。人間としてあるいは社会の一員として，若いときに身に付けておかなければいけないことがたくさんあるのではないかとずっと感じていたところ，たまたま知人の勧めでメキシコのキッザニアを訪問したのがきっかけと言います。

フランチャイザーのコンセプトが世界に共感され，キッザニア施設は現在19か国24施設で展開され，今も12施設が準備中となっています。

（参考：https://www.wipo.int/wipo_magazine/ja/2019/05/article_0004.html
https://blooloop.com/play/in-depth/kidzania-xavier-lopez-ancona/
https://kidzania.com/
https://service-js.jp/modules/contents/?ACTION=content&content_id=1037）

おわりに

日本の低労働生産性による経済の国際競争力の低下が問題となっており，中でも，その主因として小売業・サービス業の生産性の低さが指摘されています。また，少子高齢化が進み生産年齢人口が減少しつつある中，優秀な人材の確保のためには，意欲のあるシニアや女性などが働きやすくなるよう，多様な働き方への取り組みが必要となっています。

フランチャイズシステムはもともと，チェーンストア化・多店舗化の過程において，高い生産性をもたらすための仕組みであり，働き方改革を実現するために大きな役割を果たすものと期待されます。ただし，そのためには，フランチャイザーとフランチャイジーが協働して新しい仕事のやり方やサービスの提供方法を発見することで，高い生産性と新しい働き方が実現されなければなりません。フランチャイジーの過重労働がフランチャイズシステムの高生産性を支えているようでは，そのフランチャイズの持続的発展は望めないでしょう。

一方で，現代は世の中の変化のスピードが速く，一昔前にはインバウンド需要の盛り上がりと競争激化の波にのまれ，そのわずか数年後の現在は，新しい生活様式への対応が求められています。顧客への販売方法も，消費税増税からキャッシュレスへの対応，さらに新しい接客方法としての移動販売車など屋外での販売，デリバリー，テイクアウトへの取り組みと，目まぐるしく変わる新しい業務・業態への対応が求められています。

フランチャイズビジネスは，このような新しい変化にすばやく対応し，継続的にイノベーション（革新）をし続けなければなりません。常に顧客に新しい価値を提供していくことだけが，フランチャイズシステムの生き残りの道です。

本書が，フランチャイジーとフランチャイザーの双方の事業の発展とイノベーションに役立ち，フランチャイズシステムの更なる発展の一助となれば幸いです。

松井　淳

【監修・著者紹介】

〔監修〕

山下　義（やました ただし）
電気通信大学卒業。1980年日立製作所に入社し，レーザーディスク1号機の開発に参加し，その後ソフトウェア会社の営業を経て，コンサルティングに従事。やきとり屋の支援をきっかけに，地域おこし，農産物加工，商店街支援，産業廃棄物処理，防災等で活躍中。一般社団法人東京都中小企業診断士協会　相談役，江東区中小企業診断士会事務局長。

池田 安弘（いけだ やすひろ）……………………………………………… 第1章
島根大学理工学部卒業。アパレルメーカー，コンビニチェーン本部に勤務後独立。創業支援及び事業承継支援，中小企業の海外展開支援，チェーン化・フランチャイズ本部設立，地域密着型商圏戦略導入支援などを専門とする。飲食業，小売業，サービス業などの指導実績多数。一般社団法人東京都中小企業診断士協会顧問。島根県よろず支援センター専門コーディネーター。

〔著者〕

宮内 京子（みやうち きょうこ）…………………………………第2章（分担執筆）
神戸大学経営学部卒業/豪州BOND University MBA。2000年中小企業診断士登録。大手ITベンダーでビジネスコンサルティング，イノベーションに従事後，2016年独立。現在，株式会社アキュリオ代表取締役/儲かる仕組みコンサルタントとして創業支援や，新規事業，マーケティング，経営改善，資金調達（融資，補助金等），人材育成の分野で中小企業者の支援を行っている。

福田まゆみ（ふくだ まゆみ）……………………………………第2章（分担執筆）
2018年中小企業診断士登録。IT活用による業務改善，補助金等申請支援，販売促進支援，セミナー講師などに携わる。

松井　淳（まつい じゅん）…………………………………………………… 第3章
外資系ITベンダーで，CAD/CAM/CG/VRや生産システムの提案・販売に携わる。2007年中小企業診断士登録，2008年上級システムアドミニストレータ，2015年行政書士登録。診断士活動を通して，WEBマーケティング，食農分野（6次産業化，農商工連会，地域活性化），製造業の現場改善（工程改善，生産管理，原価管理），資金調達（融資の取付，補助金申請支援）などに取り組む。

大野 雅幸（おおの まさゆき）…………………………………………………… 第4章
1985年大阪総合高等職業訓練校電子計算機科終了後，流通系企業勤務。汎用小型コンピュータの基幹業務システムの用件定義・設計，開発から構築，導入，運用，保守を9年間実施，その後，営業(上場小売業本部担当）や商品企画（新商品開発）に従事。1993年中小企業診断士登録。商店街支援，飲食店，個店の経営指導等多数，産能短大能率科卒業。

松井　智（まつい さとし）…………………………………………………… 第5章
上智大学法科大学院修了。2010年弁護士登録。2017年中小企業診断士登録。榎本・松井法律事務所パートナー。上智大学法科大学院非常勤講師。主たる取扱分野は企業法務（大企業・中小企業）。近年は，飲食業・サービス業の多店舗展開，事業承継，廃業支援なども手掛ける。

島津 晴彦（しまず はるひこ）…………………………………………………… 第6章
慶應義塾大学卒業。大手通信会社にて，ネットワークやクラウドサービスなどのITサービスを中心とした法人営業に従事。中小企業診断士登録後は補助金申請支援を始めとした中小企業支援に注力している。

河村 康孝（かわむら やすたか）…………………………………………………… 第7章
建設コンサルタント，自転車メーカー/卸，IT関連の企業等を経て，2016年独立。河村中小企業診断士事務所所長。自転車ビジネスを中心に，企業の強みを引き出して成長につなげる経営支援を行う。

前田 育男（まえだ いくお）……………………………………………………… 第8章
中小企業診断士，ITストラテジスト，心理カウンセラー。大学卒業後，システム開発に従事。2005年に独立し，現在は経営コンサルタントおよび人材育成系の研修講師として活動している。大学講師時代に，生徒に講義を聞いてもらうために，心理学を学び始め，現在は何をするうえでも人の心理を大切にしている。

船橋 竜祐（ふなばし りゅうすけ）………………………………………………… 第9章
法政大学経営大学院修了　中小企業診断士　宅地建物取引士　ダイバーシティコンサルティング㈱代表取締役　ジャパンベトナムコンサルティング㈱常務取締役　アセアン事業支援協同組合副理事長　海外人材活用系コンサルティング企業，学術出版社勤務を経て，2016年に海外人材による創業支援・海外人材活用を主としたコンサルタントとして独立。

小林 雅彦（こばやし まさひこ）………………………………………………… 第10章
東京大学卒業。大手通信会社にて長年ITを活用した消費者向けマーケティングに従事。2020年に中小企業診断士登録。飲食店向けのマーケティング，IT導入，人材育成支援が専門。コンサルティングの他にも補助金申請支援，研修講師，執筆活動も行う。ビジネスゲーム「ビズストーム」認定研修インストラクター。イタリアにも精通し，実用イタリア語検定3級。

2021年10月15日　第1刷発行

100店舗を目指す！
フランチャイズシステム構築マニュアル

監　修　山　下　　義
　　　　池　田　安　弘

著　者　宮　内　京　子
　　　　福田まゆみ
　　　　松　井　　淳
　　　　大　野　雅　幸
　　　　松　井　　智
　　　　島　津　晴　彦
　　　　河　村　康　孝
　　　　前　田　育　男
　　　　船　橋　竜　祐
　　　　小　林　雅　彦

発行者　脇　坂　康　弘

〒113-0033 東京都文京区本郷3-38-1
発行所　株式会社 同友館
TEL.03(3813)3966
FAX.03(3818)2774
https://www.doyukan.co.jp/

落丁・乱丁本はお取り替えいたします。　三美印刷／松村製本
ISBN 978-4-496-05557-7　Printed in Japan